Marge Monko
DIAMONDS AGAINST STONES

Museum Folkwang
Spector Books

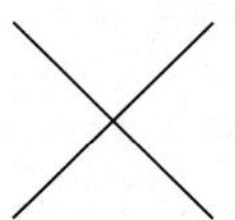

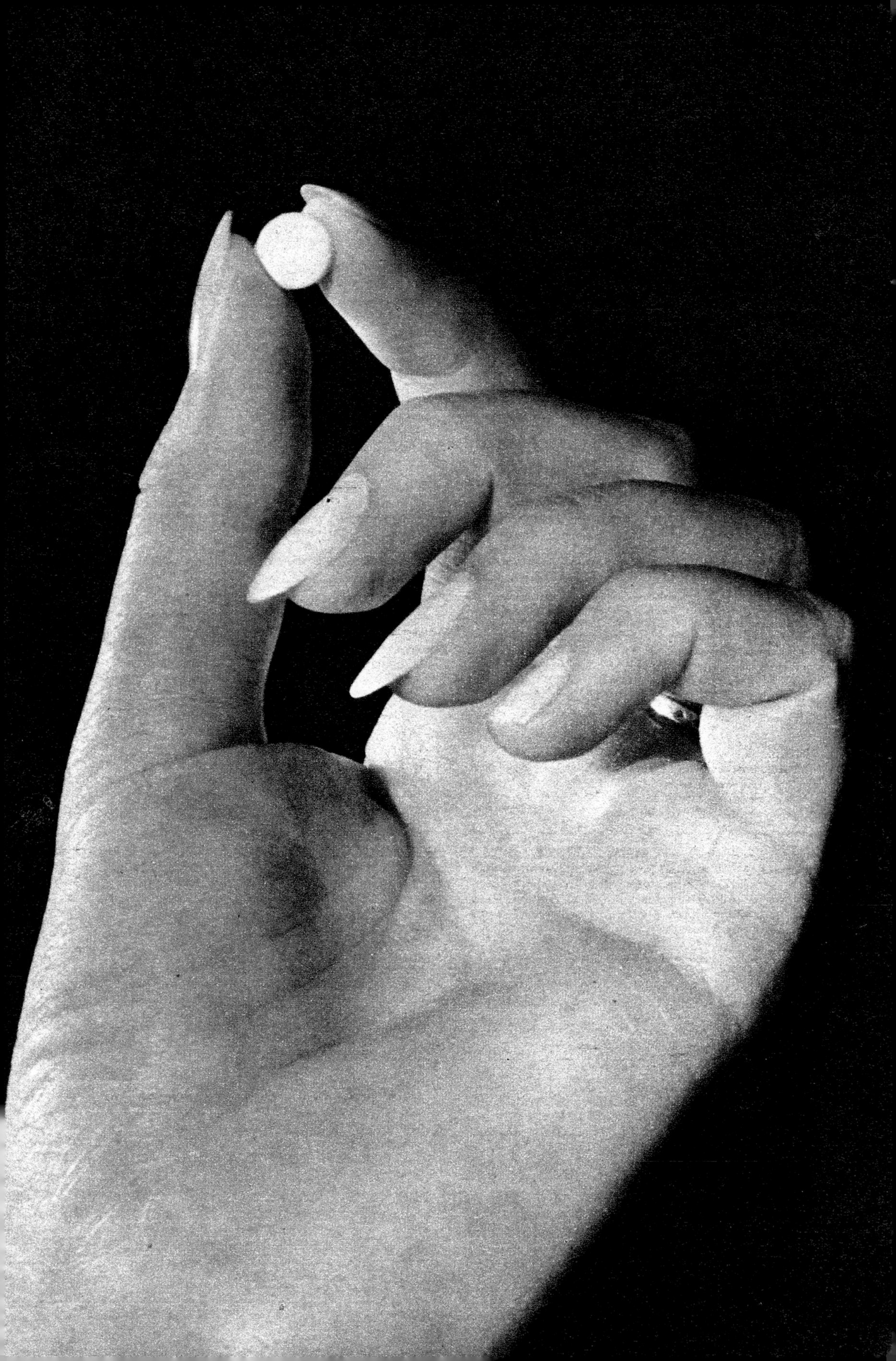

INHALT / CONTENTS

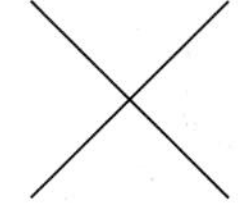

EINLEITUNG
Thomas Seelig

Die estnische Künstlerin Marge Monko (*1976) umkreist in
ihrem Werk die sozialen Rollenbilder von Mann und Frau – mit
eigenen Fotografien, vor allem aber mit gefundenen, angeeigne-
ten und rekontextualisierten Aufnahmen aus der Werbewelt des
20. Jahrhunderts. In ihren Arbeiten untersucht Marge Monko,
wie Dinge in der angewandten Fotografie erzählt und präsentiert
wurden und wie diese Erzählungen und Präsentationen heute
in einem veränderten gesellschaftlichen Umfeld gelesen werden.
In ihren teilweise raumgreifenden Arbeiten, bei denen sie Fotografien, Filme, Objekte, 3D-Animationen und Displays zum
Einsatz bringt, legt sie die Rhetorik von Wünschen und Begehren offen, die diese Bildwelten damals wie heute bestimmt.
    In ihrer aktuellen Werkgruppe *Women of the World, Raise
Your Right Hand* untersucht die Künstlerin mit feministischem
Blick die Kampagne des Diamantenhändlers De Beers, der
Anfang der 2000er Jahre die unabhängige und selbstbestimmte
Frau als neue Zielgruppe ins Visier nahm. Dies war eine radikale
Abwendung von früheren Slogans der Firma wie »Diamanten

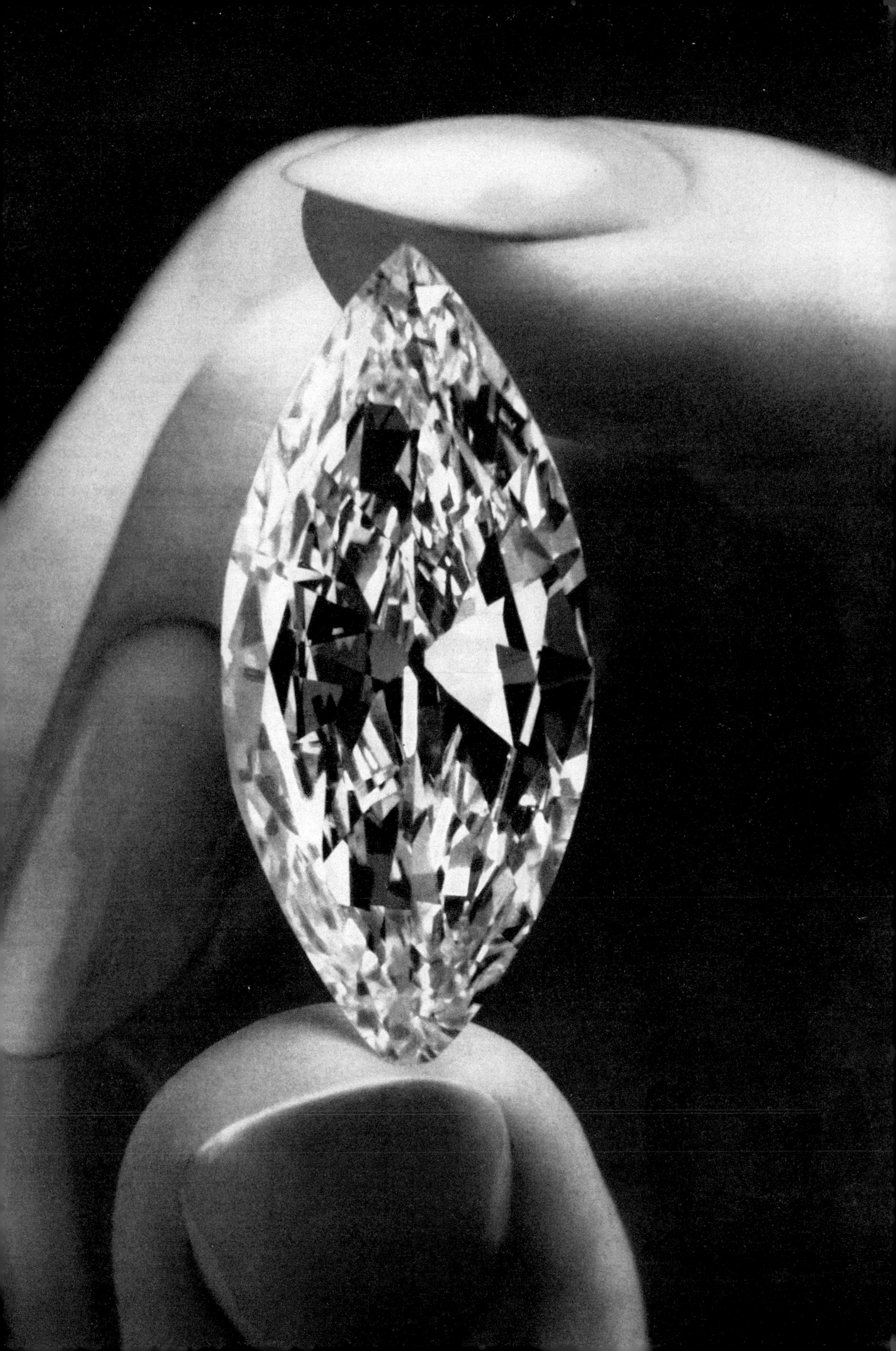

sind für die Ewigkeit«. Mit geschicktem Marketing und Produkt-
platzierungen in Hollywood-Produktionen der 1940er Jahre hatte
sich De Beers unwiderruflich ins kollektive Gedächtnis einge-
brannt. Mit Blick auf kulturelle Veränderungen, beispielsweise
durch die aufkommende Bürgerrechtsbewegung und die Infra-
gestellung der Institution Ehe Ende der 1960er Jahre, wurden
über die Jahre auch die Botschaften der Marke angepasst.
So hieß es in der neuen Kampagne: »Deine linke Hand ist dein
Herz. Deine rechte Hand ist deine Stimme. Deine linke Hand
sagt ›Ich tue es‹. Deine rechte Hand sagt ›Was habe ich getan?‹
Deine linke Hand kennt die Antworten. Deine rechte Hand stellt
die Fragen. Frauen der Welt, hebt eure rechte Hand.«

In *Diamonds Against Stones* kehrt Marge Monko in ihrer
ersten Museumsausstellung in Deutschland die Bedeutungs-
ebenen von Text und Bild ein ums andere Mal um. Der Titel
nimmt Bezug auf einen Briefwechsel der italienisch-brasiliani-
schen Architektin Lina Bo Bardi, die in ihrem Schaffen dem
Unperfekten und Unfertigen Raum geben wollte. Den strahlen-
den und funkelnden Juwelen in Form gerollter Fotografien stellt
die Künstlerin in der Ausstellung gewöhnliche stumpfe Steine
gegenüber und präsentiert diese in einer die Objekte überhöhen-
den, mit Bedeutung aufladenden schaufensterartigen Vitrine.

Ergänzend zu den Werken im Museumsraum wird Marge
Monko am Berliner Platz in Essen eine Installation mit dem
Titel *Die Frau von Heute* realisieren. Als Ausgangspunkt dient
ihr eine Fotografie der 1960er Jahre aus dem Girardet Verlag.
Die Fotografische Sammlung des Museum Folkwang betreut als
Dauerleihgabe der Ruhr-Universität Bochum den rund 100.000
Objekte umfassenden fotografischen Bestand des Verlags, der
bis 1988 in Essen beheimatet war.

Dem Zeigen, Ausstellen und Präsentieren kommt in Marge
Monkos Werk besondere Bedeutung zu. Das ursprüngliche fotografische Material, das sie in vielen ihrer Arbeiten befragt, spricht
aus sich selbst und erfährt durch die Aneignung der Künstlerin
eine Erweiterung von Bedeutung, in der unterschwellige
Aspekte von Verlangen und | Cover, 3—17:
Begehren hervorgehoben und | *Diamonds and Stones*, 2018

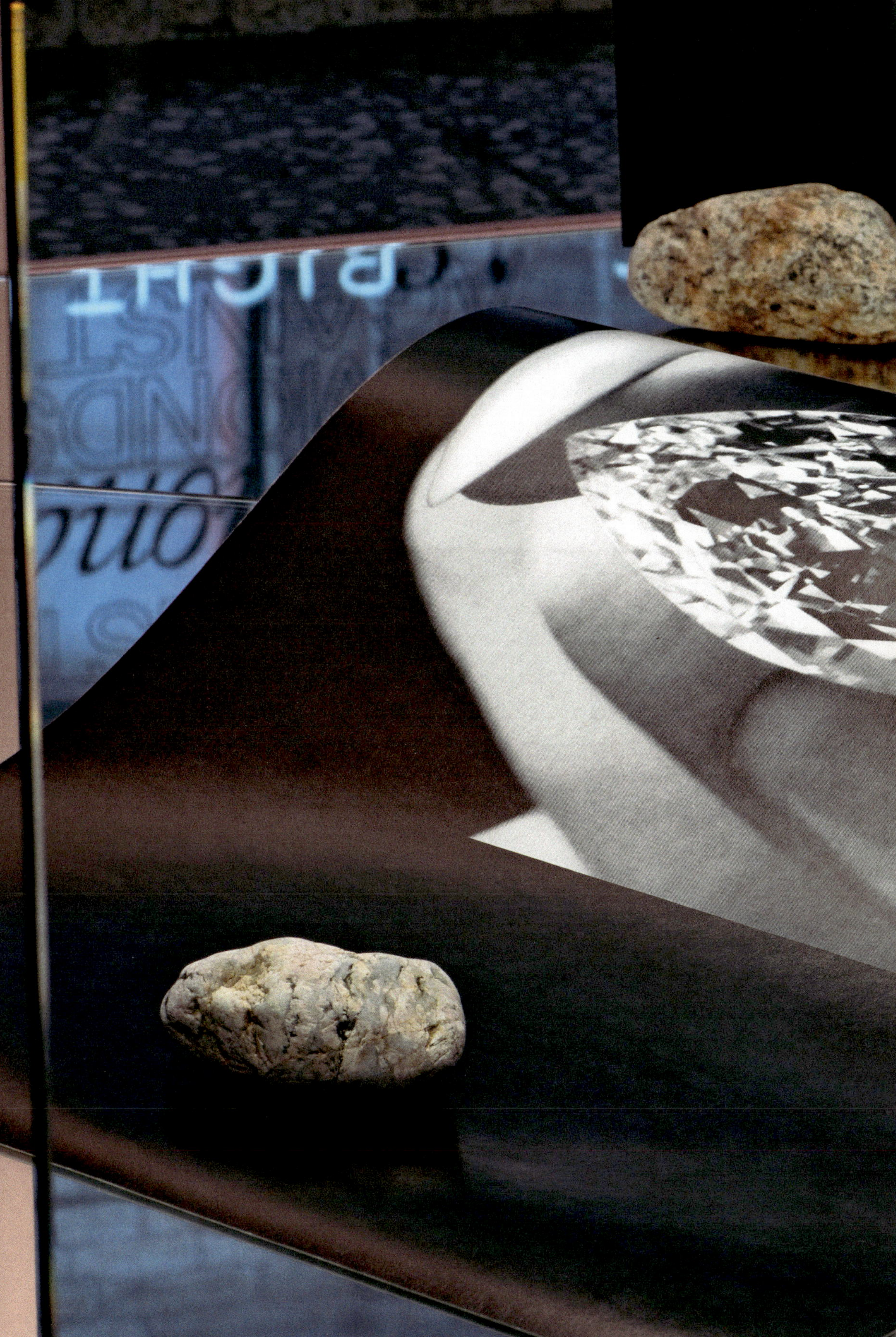

kommentiert werden. Die Kontexte der Fotografien, ihre ursprünglichen Entstehungszusammenhänge sowie ihre zeitgenössischen Spiegelungen sind in Marge Monkos Werk eng verknüpft.

Nicht zuletzt ihre estnische Herkunft führt Marge Monko zu einer gesteigerten Empfindlichkeit für gesellschaftliche Normen und Systeme. Die ersten Lebensjahre in der Sowjetzeit, die politischen und ökonomischen Umwälzungen im Rahmen der Unabhängigkeit Estlands 1991, die postsowjetische Realität mit dem großen Nachbarn Russland, die heutige Position als europäisches Musterland der Digitalisierung: In Marge Monkos Werk scheinen all diese Zeiten und Erfahrungen Platz zu finden. Ob in Form von Fotogrammen von Strumpfverpackungen, hochglanzpolierten Werbeversprechen der 1980er Jahre oder kämpferischen Zitaten der Arbeiterbewegung, die sie mit historischen Fotografien einer Strumpffabrik collagiert. Monkos Selbstinszenierung *I Don't Eat Flowers* steht stellvertretend für die selbstbewusste Definition einer Generation von Frauen, die Gleichheit und Anerkennung nicht mehr erstreiten, sondern leben.

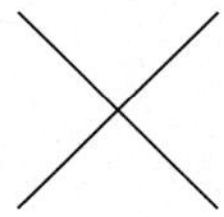

PREFACE
Thomas Seelig

The work of Estonian artist Marge Monko (b. 1976) revolves around the social roles conceptualized for men and women. She uses her own photographs and, in particular, found, appropriated, and recontextualized images from the world of twentieth-century advertising. Monko examines the stories and modes of presentation that were applied to objects in commercial photography and the way in which these narratives and presentations are read now in an altered social setting. The artist makes use of photographs, films, objects, 3D animation, and displays to create pieces—some of them on a very large

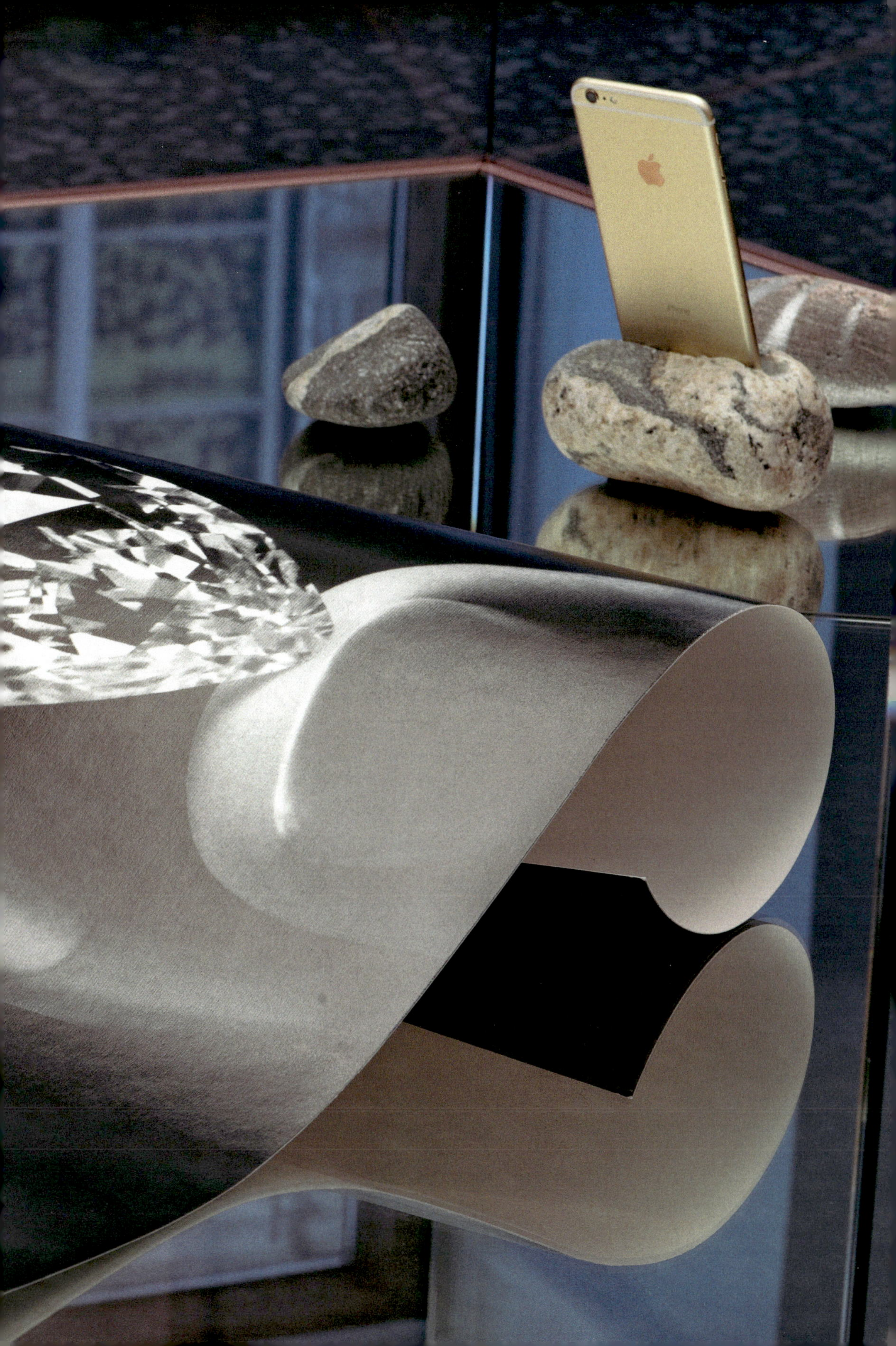

scale—that expose the rhetoric of wanting and desire which defines these visual worlds, both then and now.

In her current group of works, *Women of the World, Raise Your Right Hand*, Monko applies a feminist viewpoint to examine the advertising campaign launched by the De Beers diamond company in the early 2000s, when it set its sights on independent, self-reliant women as a new target group. This was a radical departure from the company's earlier slogans such as "Diamonds are forever." De Beers had indelibly burnt itself into the collective consciousness with adroit marketing and clever product placement in 1940s Hollywood productions. The brand messaging was also adapted over the years with an eye to cultural changes, such as the burgeoning civil rights movement and the questioning of the institution of marriage in the late 1960s. The company's new campaign ran as follows: "Your left hand is your heart. Your right hand is your voice. Your left hand says, 'I do.' Your right hand says, 'I did what?' Your left hand knows the answers. Your right hand asks the questions … Women of the world, raise your right hand."

In *Diamonds Against Stones*, her first exhibition at a German museum, Monko time and again reverses the semantic levels of text and image. The exhibition title refers to the letters of Italian-Brazilian architect Lina Bo Bardi, who set out to give space in her work to the imperfect and the unfinished. In the exhibition, Monko uses photographs presented in the form of rolled-up enlargements to juxtapose the gleaming, sparkling jewels with ordinary dull stones, showing her work in a vitrine reminiscent of a display window, which exaggerates the objects and charges them with meaning.

In addition to the works in the museum space, Monko is also producing an installation entitled *Die Frau von Heute* (Today's Woman) at Berliner Platz in Essen. She takes as her starting point a 1906s-era photograph from Girardet Verlag, which was located in Essen until 1988. The Photographic Department at the Museum Folkwang has charge of the publishing house's photographic holdings, which comprise around 100,000 objects on permanent loan from RUB, the Ruhr University in Bochum.

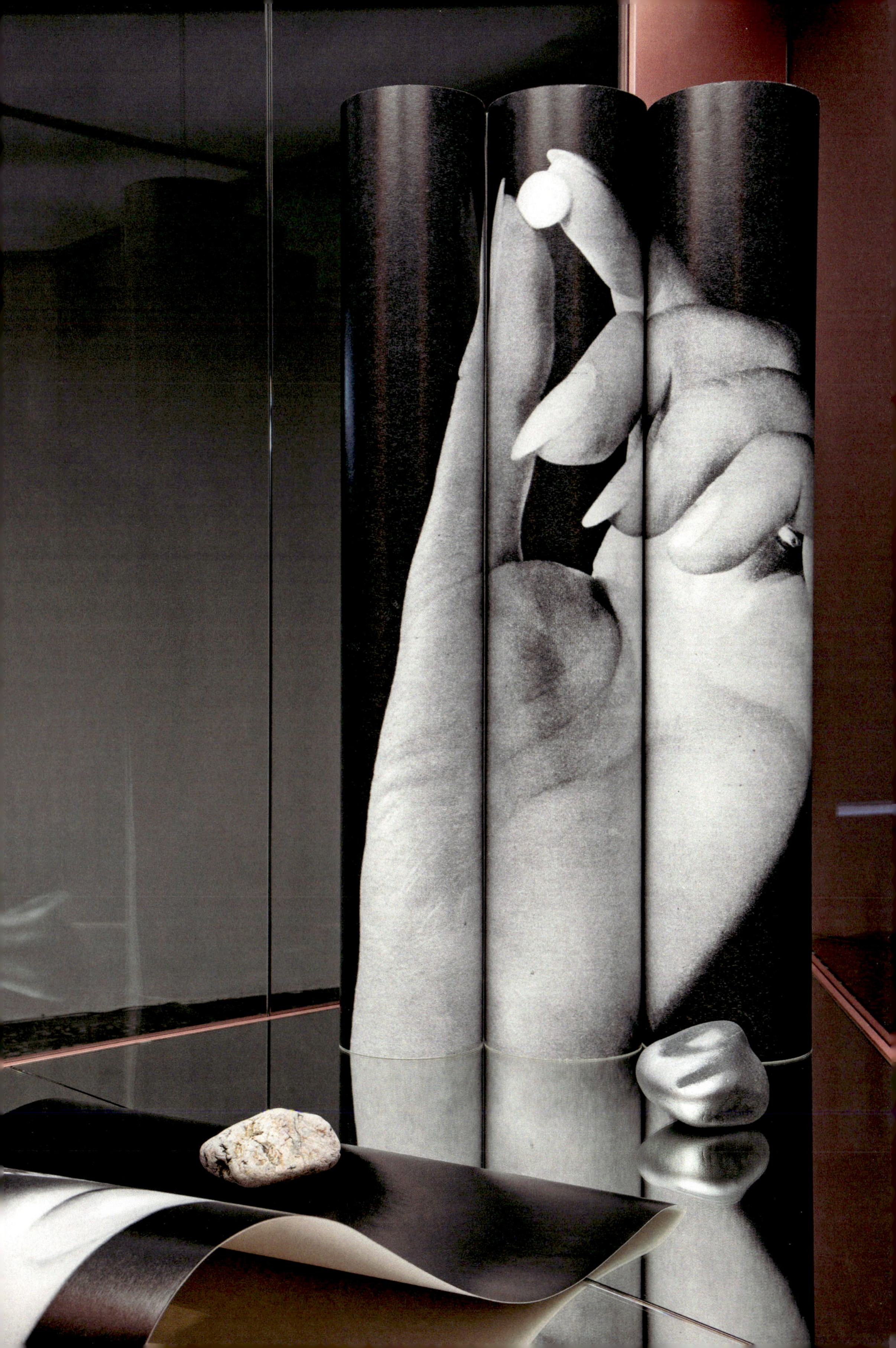

Monko's work gives particular importance to the themes of showing, exhibiting, and presenting. The original photographic material, which she interrogates in many of her works, speaks for itself, its meaning expanded by the artist's act of appropriation, whereby the subliminal aspects of wanting and desire are highlighted and commented on. The contexts of the photographs, the original circumstances in which they were produced, and their contemporary mirroring are closely linked in Monko's work.

Importantly, the artist's Estonian background gives her a heightened sensitivity to social norms and systems. The early years of her life spent in the Soviet Union, the major political and economic upheavals that happened in the context of Estonian independence in 1991, the post-Soviet reality next to its huge neighbor Russia, and its present-day position as a shining example of digitization within Europe: all these phases and experiences seem to find a place in Monko's work, be it in the form of photograms of packs of stockings, glossy advertising claims from the 1980s, or militant quotes from the labor movement, which she collages with historical photos of a stocking factory. Monko's self-enactment *I Don't Eat Flowers* is a representation of the confident self-definition of a generation of women who no longer have to fight for equality and recognition, but can simply benefit from the fruits of this struggle.

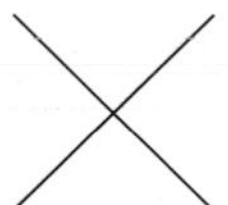

EIN GESPRÄCH MIT MARGE MONKO
Paul Kuimet

Ich gehe davon aus, dass meine Beziehung zu Marge in der Kunstszene nicht allen bekannt ist: Marge war meine Lehrerin, als ich 2007 an der Estnischen Kunstakademie zu studieren begann. Anschließend habe ich mein (Master-)Studium fortge-

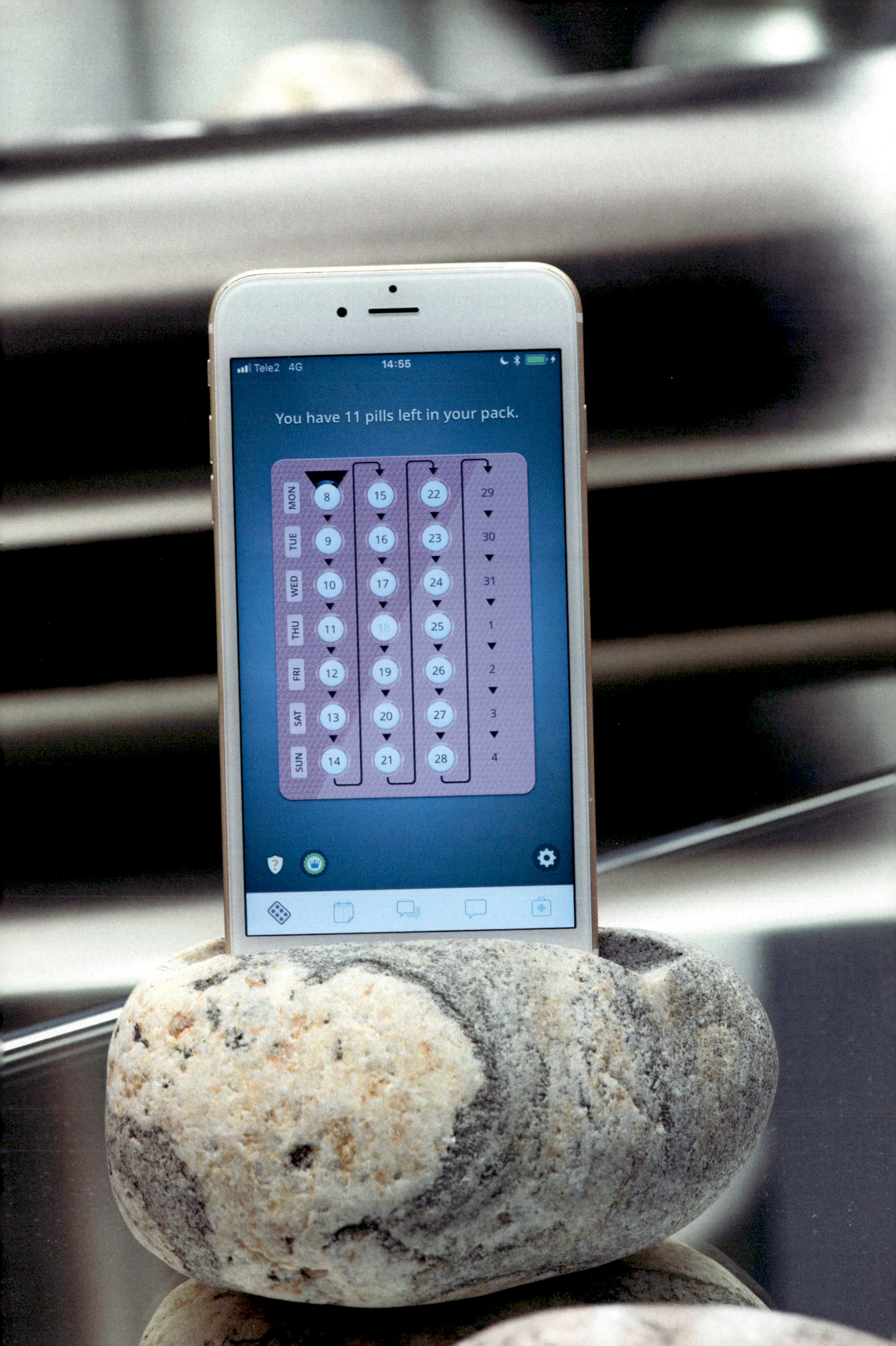
Tele2 4G
14:55
You have 11 pills left in your pack.
MON 8 15 22 29
TUE 9 16 23 30
WED 10 17 24 31
THU 11 18 25 1
FRI 12 19 26 2
SAT 13 20 27 3
SUN 14 21 28 4

setzt, Marge war für zwei Jahre Artist in Residence am HISK
(Hoger Instituut voor Schone Kunsten) in Gent, Belgien, und
schließlich wurden wir Kollegen und Freunde. Obwohl Marge
vielleicht nicht meine wichtigste Lehrerin war, schätze ich
heute ihre Freundschaft und ihre Unterstützung umso mehr.
Denn es handelt sich dabei um eine kompromisslose Beziehung
unter Kollegen, die zwar bis in die Akademie zurückreicht,
deren Wesen – die gegenseitige Wertschätzung zweier Künstler –
aber an keine institutionalisierte Struktur gebunden ist.
Das folgende Gespräch fand an einem regnerischen Dezember-
Nachmittag in Marges Atelier statt.

*Paul Kuimet: Seit ein paar Jahren fotografierst du nicht
mehr so viel, hast aber stattdessen begonnen, fertiges Bildmaterial zu verwenden und Werbung zu appropriieren und
zu adaptieren. Ich nehme an, das hat auch mit deiner Arbeit
im Atelier zu tun oder mit dem Umstand, dass du am HISK
überhaupt zum ersten Mal wirklich ein eigenes Atelier
zur Verfügung hattest. Wie hat die Arbeit im Atelier deine
Praxis verändert, wenn du das mit früher vergleichst?*
Marge Monko: Am HISK hatte ich in der Tat zum ersten Mal,
seit ich als Künstlerin tätig bin, meinen eigenen Arbeitsraum.
Zu dieser Zeit hatte sich – mehr oder weniger bewusst – ein
Interesse für die Arbeit mit verschiedenen Materialien heraus-
gebildet. Ich denke dabei nicht nur an Bildmaterial, sondern
auch an dreidimensionale Objekte. Ich wollte in meinen Arbeiten ein wenig spielerischer vorgehen und ein bisschen Leichtigkeit hineinbringen. Von 2008 bis 2011 hatte ich mich ziemlich
oft mit dem Thema Arbeitsmarktpolitik beschäftigt. Das war
interessant, aber es ergab sich im Anschluss nichts Neues daraus.
Ein solcher diskursiver Ansatz, wie ich ihn damals verfolgt
habe, verlangte nach bestimmten Arbeitsmethoden und For-
maten, die zum Teil auch vorhersehbar waren.

*Ich kann mich daran erinnern, wie du vor einiger Zeit,
als du von dieser Phase erzählt hast, meintest, es sei ein ...
ziemlich qualvoller Prozess gewesen.*

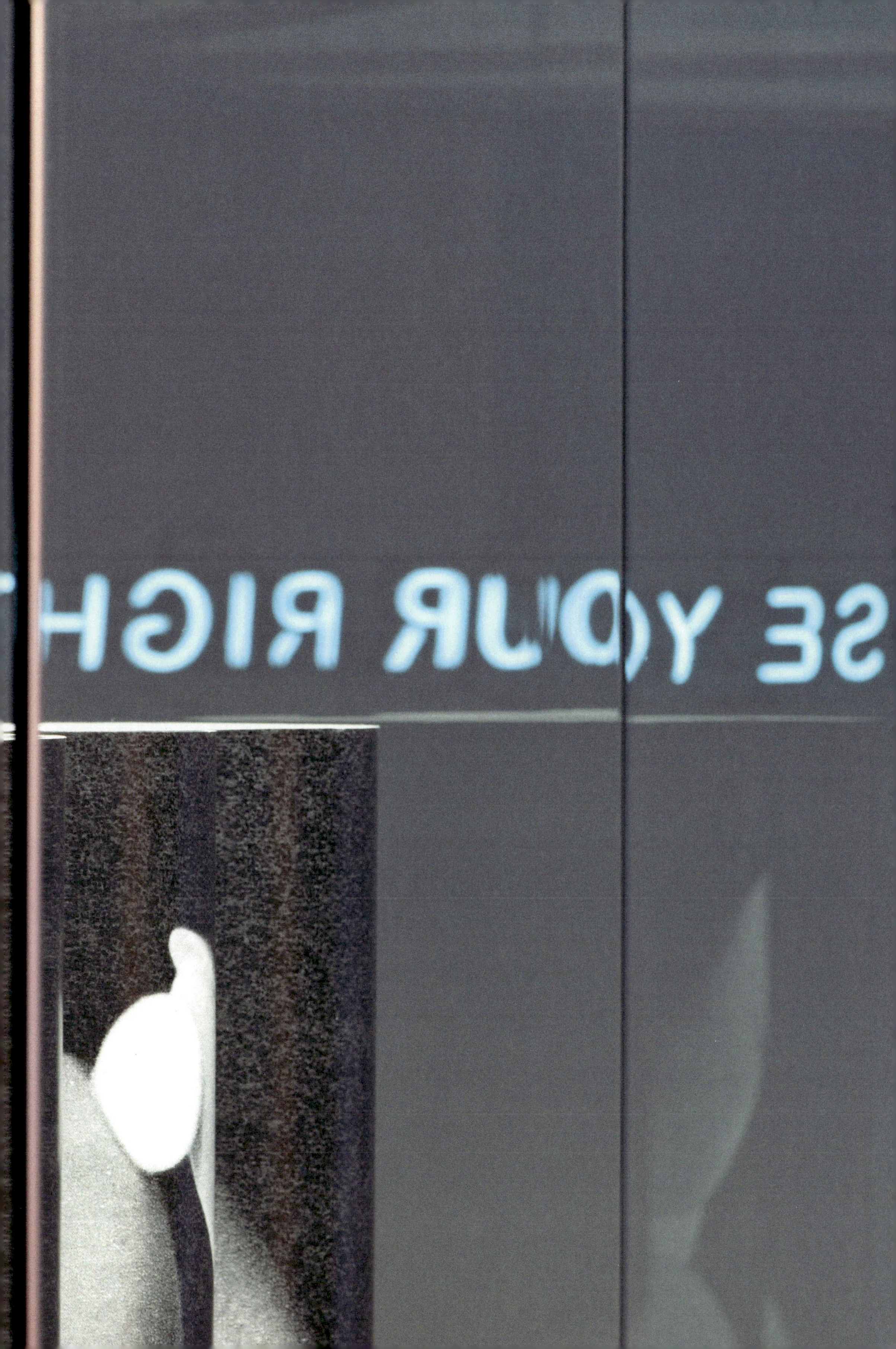

SE YOUR RIGHT

Ja, das war schon irgendwie ein qualvoller Prozess. Wenn man seine Arbeitsweise verändern will und auf der Suche nach neuen Ausdrucksmitteln ist, dann funktioniert das nicht so einfach mit der bloßen Kraft der Gedanken. Man muss eine Menge ausprobieren und versuchen, und das dauert halt ziemlich lange. Viele Sachen, die ich damals gemacht habe, waren einfach … na ja … wirklich schlechte Kunst (lacht).

Ich kann mich erinnern, wie Tõnis Saatoja – als wir beide ihn in seinem Atelier besucht haben – gesagt hat, kein Künstler könne so einfach über Nacht seine Arbeitsweise ändern. Bestenfalls könne man jemand anderen imitieren, aber das sei nichts als Selbstbetrug.

Das ist auch in der Tat ein sehr schmerzhafter Prozess, und in gewissem Sinne ist man da hilflos. Wenn du siehst, dir gelingt das nicht, dann stellst du dir auch schnell die viel grundsätzlichere Frage, ob du wirklich für die Kunst bestimmt bist.

Du hast gerade erwähnt, dass du auch versucht hast, eine gewisse »Leichtigkeit« in deine Arbeiten zu bringen, und das führt mich zum Humor, der meiner Meinung nach in deinen Werken zum Ausdruck kommt. Ich glaube, zum Teil beruht das eben auch auf den Materialien, die du verwendest. Ich war immer schon der Ansicht, dass Künstler, die mit bestimmten Materialien arbeiten – selbst wenn man diese Materialien gemeinhin für alltäglich, billig, trivial hält – zu diesen eine besondere Beziehung haben, vielleicht sogar eine tiefere Verbundenheit.

Das, womit ich mich seit ungefähr 2013 beschäftige, habe ich später mit zwei englischsprachigen Begriffen umrissen, nämlich »display« und »desire«. Und »display« ist in der Tat ein Begriff, der mich bis heute interessiert und sich durch all meine Arbeiten zieht. In gewisser Weise ist das ein sehr weiter Begriff und gerade darum interessant, denn er kann einfach eine Ansammlung von Objekten bezeichnen, die ausgestellt werden sollen – beispielsweise in einem Schaufenster oder der Vitrine eines Museums –, er kann aber auch einen Bildschirm bezeichnen.

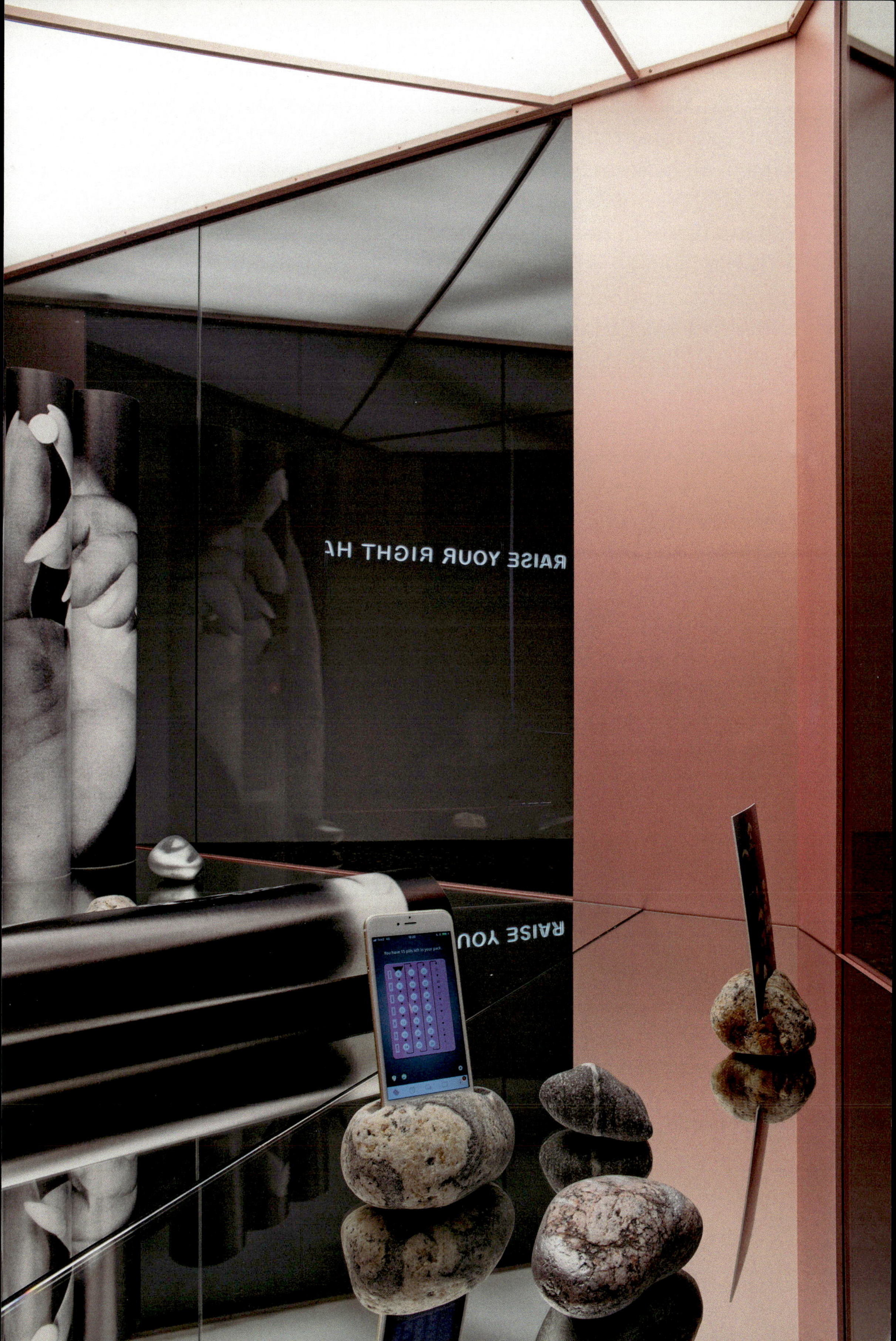
RAISE YOUR RIGHT HA

Mich interessiert, mit welcher Absicht etwas auf eine bestimmte Weise präsentiert wird. 2014 habe ich damit begonnen, Schaufenster zu fotografieren, was auch damit zu tun hatte, dass ich mich in Belgien befand, denn ich war sehr fasziniert von der Art und Weise, wie dort Fenster genutzt werden. Und nicht nur Schaufenster, in dem Kulturraum dort und der dortigen Architektur spielen Fenster eine wichtige Rolle. Was die Schaufenster anbetrifft, fand ich auch bestimmte Anspielungen auf die bildende Kunst interessant und bestimmte, ständig wiederkehrende Elemente. Und ich habe nicht nur Bilder gemacht, sondern auch begonnen, solche Aufsteller zu sammeln, kleine Ständer zur Präsentation von Schmuck in Form verschiedener Körperteile, Brüste, Kopf, Hals oder Hand. Das waren Objekte, die mich regelrecht angezogen haben und die ich in meinen Arbeiten bis heute verwende.

Unter Begierde oder Verlangen, »desire«, verstehe ich das Verlangen, das sich auf Objekte bezieht, also mit der Konsumgesellschaft zusammenhängt, aber auch eine Art Urverlangen im psychoanalytischen Sinne. Mein Interesse an der Sprache der Werbung hängt sicher auch mit meiner Kindheit in der Sowjetunion zusammen. Unter Bedingungen, wo es an den elementarsten Gebrauchsgegenständen mangelte, wurden manche ganz alltäglichen Gegenstände geradezu zu Kultobjekten, einfach weil sie Mangelware waren. Um in ihren Besitz zu kommen, waren die Leute damals bereit, unglaubliche Anstrengungen zu unternehmen. Aber wie Lacan ja sagt, besteht das Phänomen des Verlangens gerade darin, dass es niemals wirklich befriedigt werden kann, das ist die Grundlage der Werbeindustrie und des kapitalistischen Systems.

Aber woher stammt das Motiv mit diesen Bögen, das dahinten steht? (zeigt auf das Werk *Composition I (Arcades)*)
Als ich mich für die Schaufenster in Belgien interessiert habe, wurde mir klar, dass diese Form der Gestaltung, die sie dort étalage nennen, eine sehr lange Tradition hat. Das gilt auch für andere westeuropäische

19—21:
Women of the World, Raise Your Right Hand, 2018

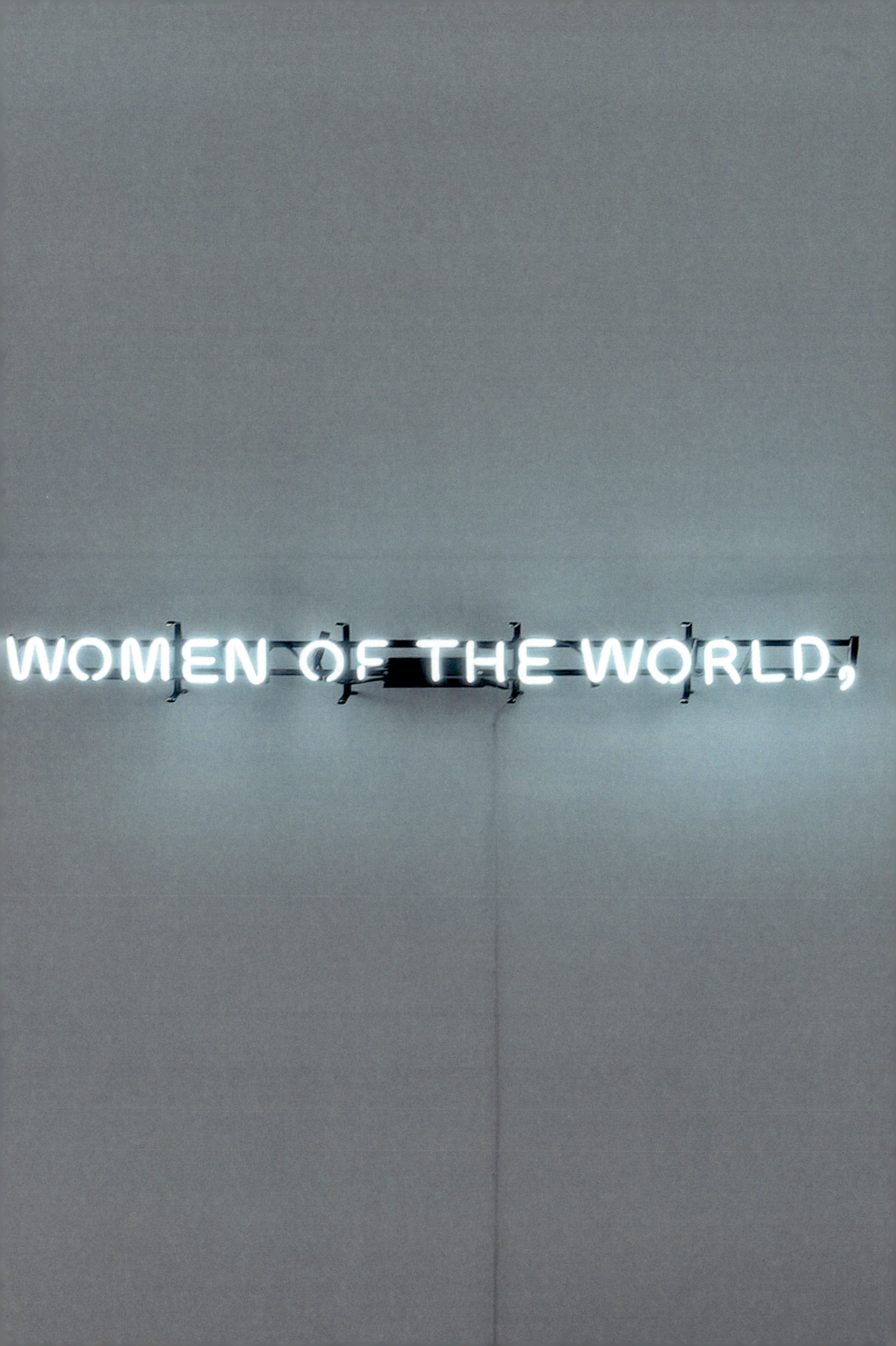

WOMEN OF THE WORLD,

Länder, auch wenn in Deutschland und Österreich die Auslagen
ein wenig anders aussehen. Beim Betrachten der Fenster fiel mir
auf, dass sich da Anspielungen auf die Kunst und die klassische
Architektur finden. Da siehst du zum Beispiel mit Säulen ein-
gerahmte Eingänge und verschiedene Pavillonmotive. In dieser
konkreten Arbeit hier habe ich das Motiv im Schaufenster einer
Parfümerie gefunden, die Bögen sind ein Hinweis auf die Pas-
sagen, die Ende des 19. Jahrhunderts sozusagen die Vorgänger
der heutigen Einkaufszentren bildeten.

*Mich erinnert das natürlich an den Palazzo della Civiltà
in Rom, wo sich heute das Modehaus Fendi und ein Museum
befinden. Wie würdest du denn nun den Humor kommen-
tieren, der sich in deinen Arbeiten findet?*
Das ist interessant, denn jetzt kann ich endlich zurückfragen,
in welchen Werken der sich denn deiner Meinung nach zeigt?
So weit ich weiß, ist nicht oft von Humor die Rede, wenn es um
meine Arbeiten geht.

Die Performance Don't Wind It Up, Turn It On, *die sich aus
der Fotoserie* Ten Past Ten *entwickelt hat, finde ich sehr
witzig – da wird die Konstruktion irgendeiner Darstellung
durchgespielt, und das alles wirkt gleichermaßen komisch
wie unangenehm. Und natürlich gibt es in* Dear D *verschiedene Momente, vielleicht am deutlichsten die Stelle, an der
das Wort »intoxicated« von Google Translate auf Estnisch
als »jommis«, also beschwipst übersetzt wird.*
Diese komischen Elemente, die du aufzählst, sind aus den jewei-
ligen Arbeiten selbst entstanden. Die Fotos, die ich in der Serie
Ten Past Ten verwendet habe und die für Damen- und Herren-
uhren werben, konzentrieren sich auf Details – im Vordergrund
stehen die Hände, aber sie verweisen auf ein größeres Ganzes.
Wenn man anfängt darüber nachzudenken, was außerhalb
dieses Bildausschnittes liegt und was für Geschichten sich da
zutragen könnten, wird das auf eine gewisse Weise komisch.
Man beginnt sich zu fragen, zu wem diese Hände wohl gehören,
welche (amourösen) Beziehungen zwischen diesen Menschen

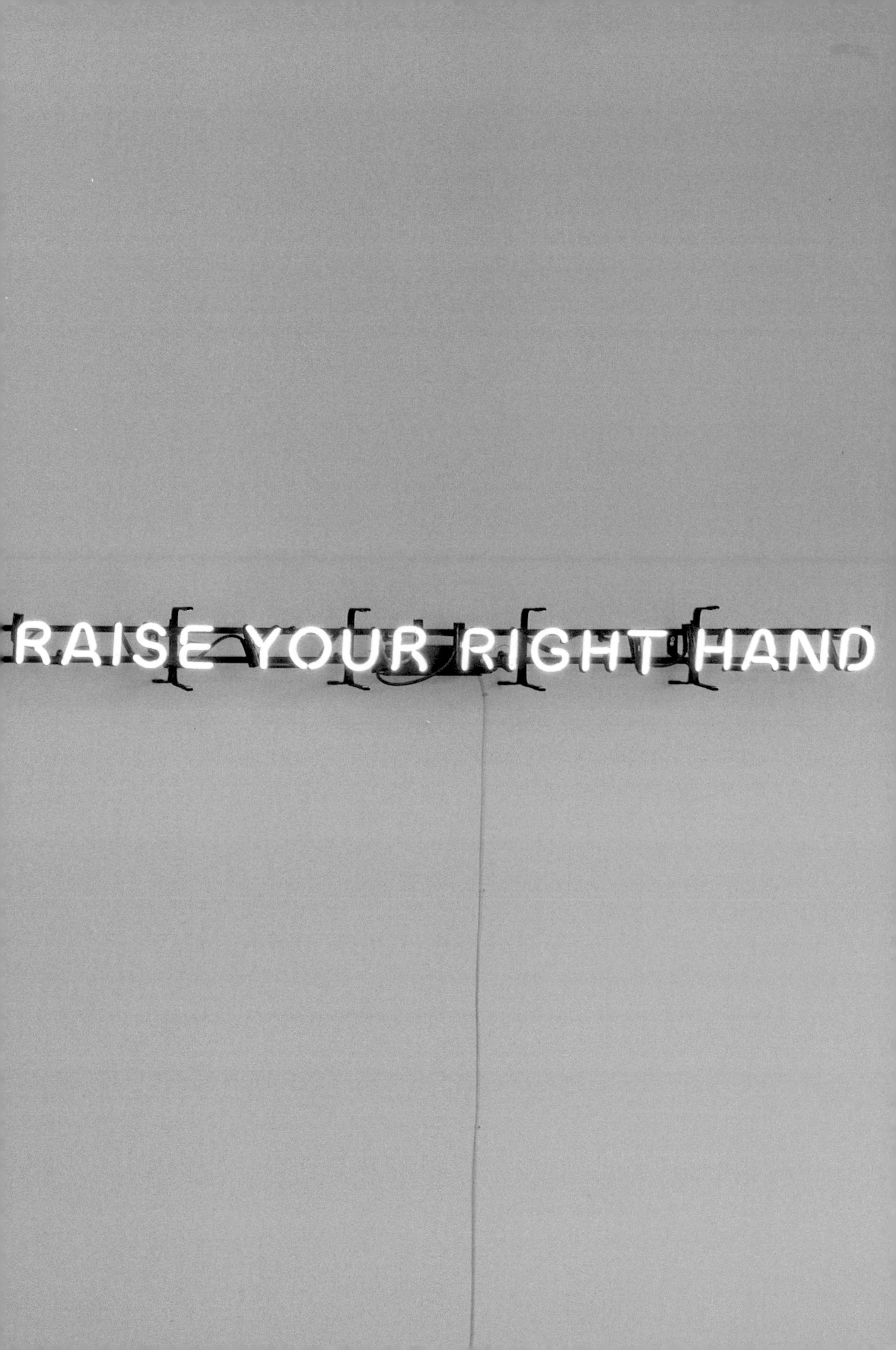

RAISE YOUR RIGHT HAND

bestehen mögen. Auch die Tatsache, dass ein großer Teil der
Uhren in den Reklamen auf zehn nach zehn gestellt sind, setzt
im Kopf verschiedene Geschichten in Gang. Ist es zehn Uhr
morgens oder abends? Hat diese Uhrzeit irgendeine Bedeutung?
Wenn man anfängt zu googeln, findet man viele Verschwörungs-
theorien dazu, warum es gerade diese Uhrzeit sein mag, und
diese Motive habe ich auch in meiner Performance benutzt.

Dear D dreht sich um einen Liebesbrief, den ich auf dem
Bildschirm schreibe. Und da das Verliebtsein ein Zustand ist,
in dem wir zur Sentimentalität neigen, sind Humor und Selbst-
ironie Mittel, die diese Anspannung und diese Ernsthaftigkeit
wenigstens für einen Moment abfedern und uns Distanz zu
uns selbst gewinnen lassen.

Übrigens auch in dem Werk Women of the World, *an der
Stelle, wo es um die zweite Welle des Feminismus geht und
wie diese die Sprache der Werbung beeinflusst hat und uns
anschließend eine Werbung präsentiert wird, in der wir ein
modernes Paar sehen, das einen Sonntagsausflug irgendwo
aufs Land macht. Als Werbeclip ist das vielleicht noch
irgendwie plausibel, aber in dem Augenblick, wo jemand aus
dem Off dazu erklärt, worauf diese Veränderungen in der
Werbung zurückzuführen sind, zerbröselt diese ganze Werbe-
fassade einfach und wird beinahe zu ihrer eigenen Parodie.*
Werbung ist sehr ideologisiert und konstruiert bestimmte Fan-
tasien, und wenn man diese Konstruktion dann analysiert …

*… wird plötzlich sichtbar, wie platt die Intention daher-
kommt und mit welch trivialen Mitteln das konstruiert ist.
Doch richtig verpackt scheint es irgendwie zu funktionieren.*
An der Werbung fasziniert mich gerade, dass sie oft sehr gut
verpackt ist. Die Arbeit *Ten Past Ten* fing eigentlich damit an,
dass ich auf eBay einige gedruckte Anzeigen entdeckt habe, die
ich rein visuell sehr reizvoll fand. Mich begann zu interessieren,
mit welchen verbalen und visuellen Mitteln diese Anzeigen
arbeiten und wie sich dann, | 23—27:
wenn man sie auseinander- | *I Don't Eat Flowers*, 2009

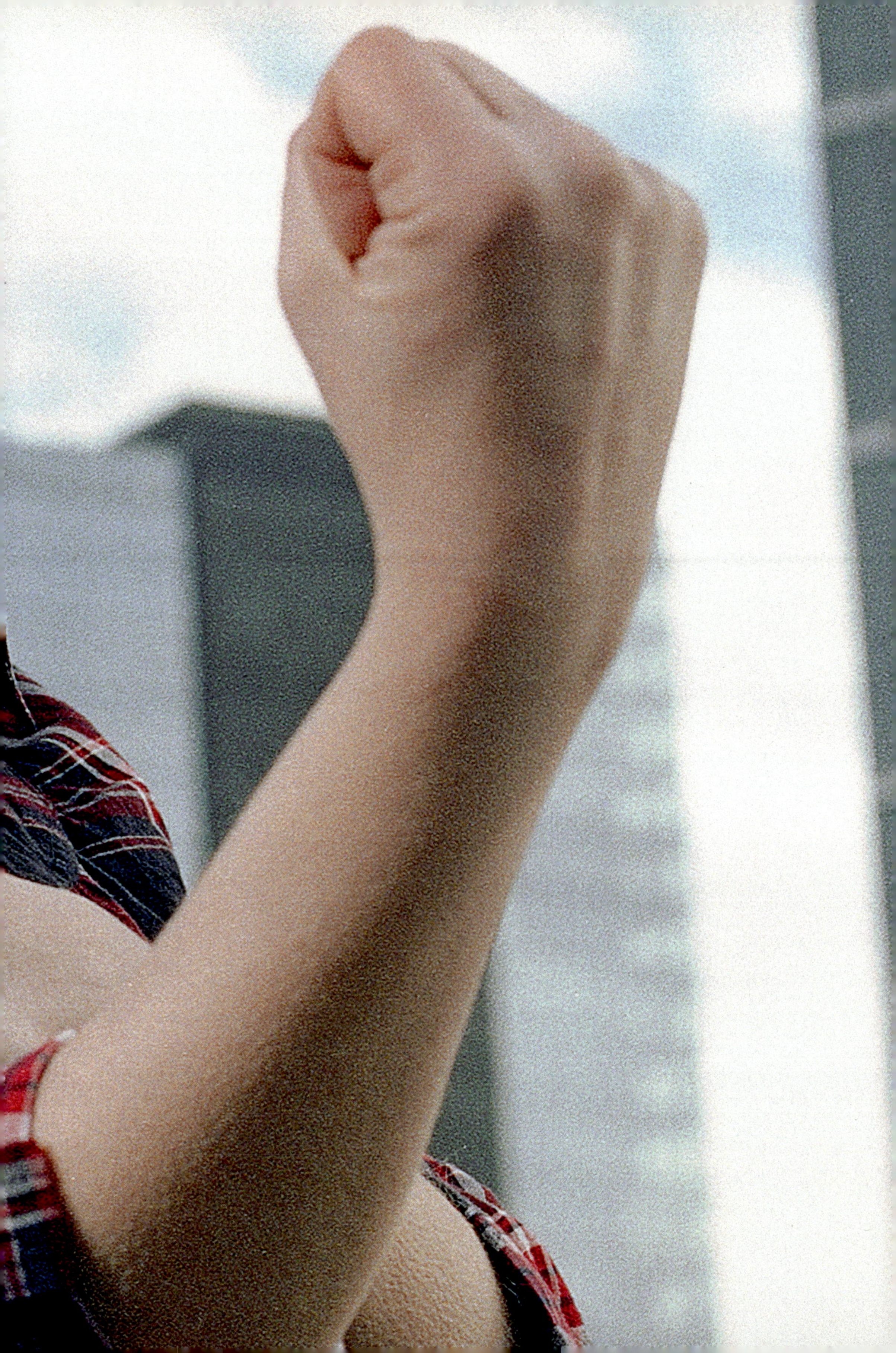

nimmt, praktisch von selbst komische Momente ergeben. Vielleicht liegt es auch daran, dass wir in einer ganz anderen Zeit leben – die meisten Bilder, die ich verwende, stammen aus den 1960er bis 1980er Jahren des letzten Jahrhunderts.

Wie stellt sich für dich der Prozess des Betrachtens von Kunst dar, und wie beeinflusst dich das im Hinblick auf die Mittel und die Materialien, die du verwendest? Ich frage das vielleicht gerade in diesem erwähnten Kontext des Sich-selbst-neu-Erfindens.

Das beeinflusst mich sogar sehr. Für mich ist der Besuch von Ausstellungen ein Teil meiner kreativen Arbeit, und manchmal fühle ich mich von den Werken anderer Künstler sehr inspiriert. Ehrlich gesagt, kann ich Leute nur schwer ernst nehmen, die behaupten, sie seien von nichts und niemandem beeinflusst, die Arbeiten anderer interessiere sie nicht und sie würden sich auch nie andere Künstler anschauen.

Aber solche Künstler gibt es. Oder sagen wir besser: Die gehen nur sehr selten in ganz ausgewählte Ausstellungen.

Klar, man wird selektiver, aber ich versuche mich von solchen – sagen wir mal – Vorurteilen nicht sonderlich leiten zu lassen. Oft passiert es mir auch, dass ich überrascht bin, wenn ich mir etwas angeschaut habe, woran ich anfangs so meine Zweifel hatte.

In letzter Zeit habe ich darüber nachgedacht, was mich eigentlich daran fasziniert, künstlerisch tätig zu sein, oder was ich mir davon überhaupt verspreche. Ich habe das dann für mich so formuliert, dass ich auf der einen Seite versuche, mich immer wieder selbst zu überraschen und etwas Neues zu erfahren. Ich möchte nicht das Gefühl haben, mich zu wiederholen. Andererseits jedoch – und das ist jetzt eigentlich ein Widerspruch – möchte ich spüren, dass das, was ich gemacht habe, etwas ist, das nur ich schaffen konnte. Was ja wiederum bedeutet, dass ich etwas Vertrautes darin wiedererkennen möchte. Wenn wir von Einflüssen sprechen: Glaubst du, dass es heute überhaupt möglich ist, eine solche

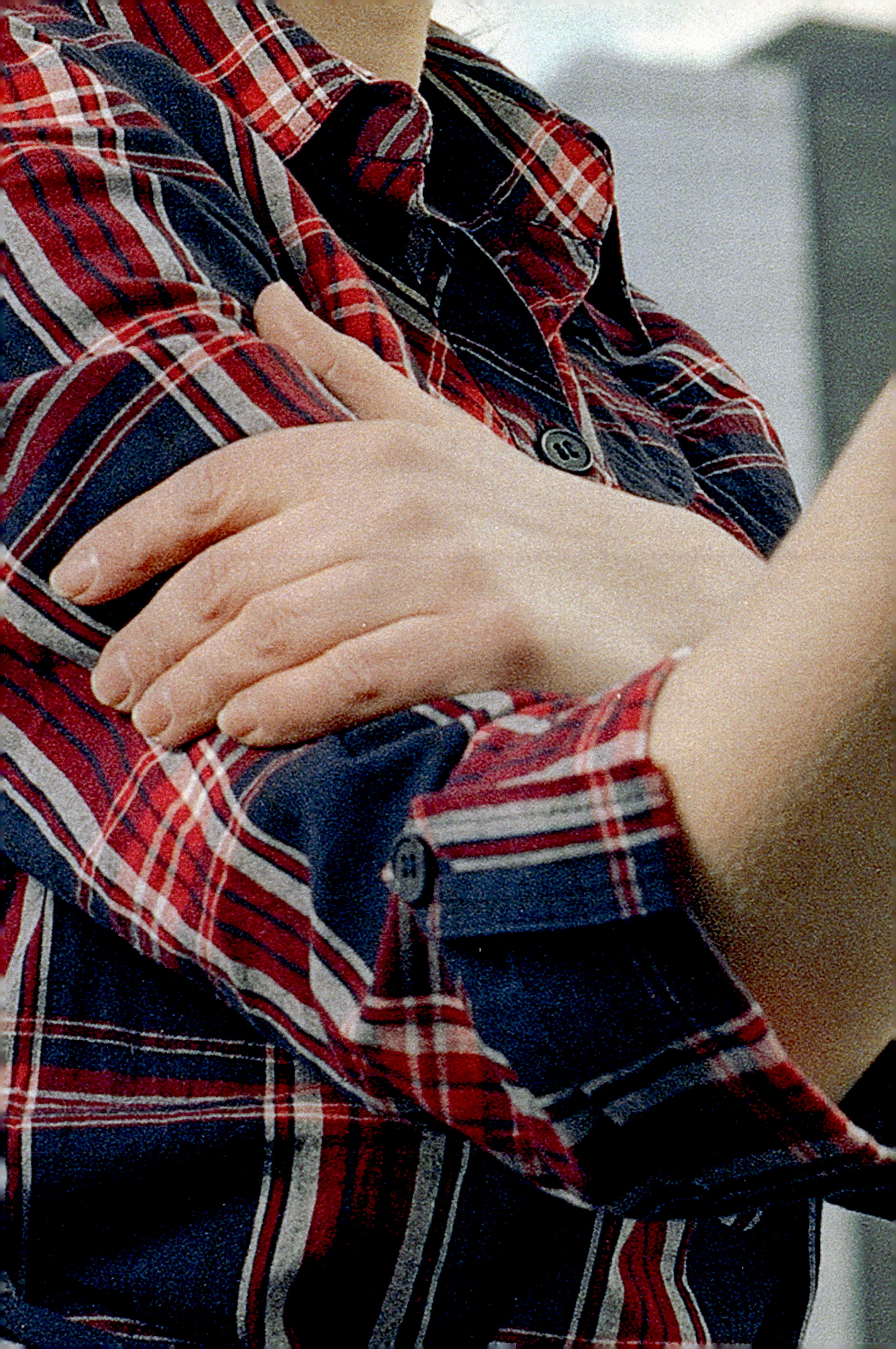

Klar, mich interessiert auch die Frage, aufgrund welcher Elemente ein Werk funktioniert. Aber mich fasziniert an der Kunst
vor allem, dass es dafür keine einfache Formel gibt. In einem
guten Werk gibt es immer auch eine Unbekannte. Wenn ein
Künstler da rein mechanisch nach den vier Grundrechenarten
vorgeht, dann spürt man das auch.

Diese neue Qualität, die du erwähnt hast, könnte man auch
Wahrheit nennen, auch wenn das jetzt vielleicht ein bisschen
weihevoll klingt. Der Augenblick der Wahrheit ist jener Moment,
in dem ein Wiedererkennen stattfindet, das ist so etwas wie der
Fluchtpunkt einer perspektivischen Zeichnung, in dem die
Geraden zusammenlaufen. Du spürst etwas Neues, das zugleich
in Resonanz steht zu früher Gefühltem und Erfahrenem.

Offenbar ist aber an dieser idiosynkratischen Herangehens-
weise etwas dran, wenn man auch noch im 21. Jahrhundert
danach verlangt, obwohl doch jeder weiß, dass längst schon
alles geschehen und gesehen ist. Kürzlich hatte ich ein Gespräch
mit einem Freund, der eine Blitzanalyse meiner letzten Ausstellung vornahm und meinte, hier das Neon, das geht auf
Bruce Nauman zurück, die Vitrine verweist auf Wesley Meuris
und das Video auf Harun Farocki. Und mich hat das gar nicht
besonders geärgert, ich musste darüber eher schmunzeln. In
gewisser Hinsicht hatte er natürlich recht – wir alle entlehnen
ja etwas von anderen –, in anderer Hinsicht hat er aber überhaupt nichts gerafft.

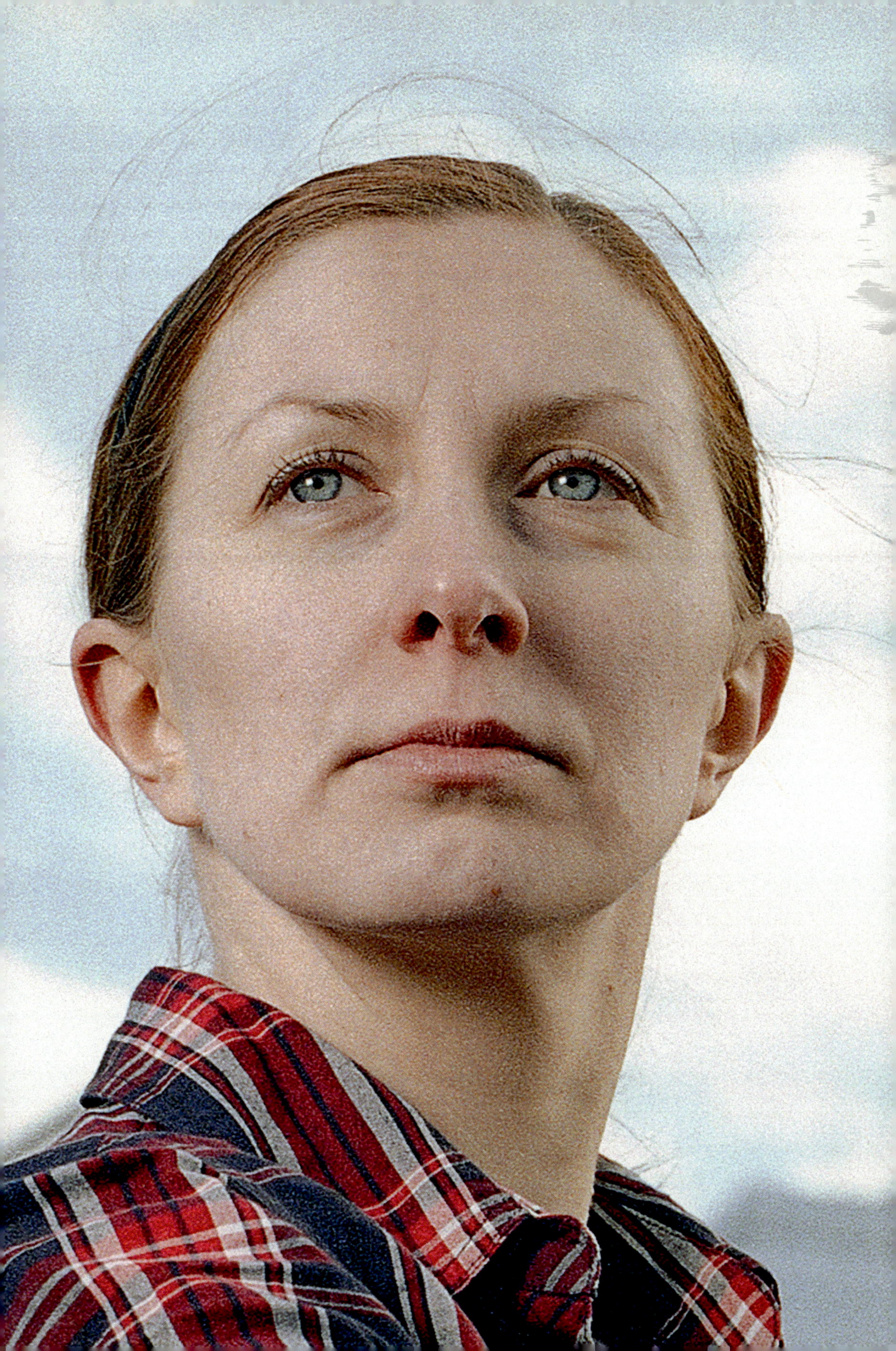

Natürlich weiß ich, dass schon eine ganze Reihe Leute mit
vorgefundenem Bildmaterial gearbeitet haben und das schon
vor ziemlich langer Zeit. Und mit mir selbst führe ich zu diesem
Thema auch die ganze Zeit einen intensiven, inneren Dialog.
Aber zugleich versuche ich mich davon nicht bremsen zu lassen.

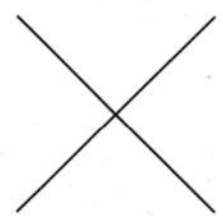

A CONVERSATION WITH MARGE MONKO
Paul Kuimet

I suspect that the development of my relationship with Marge
Monko is not known to everyone in the art world. She was my
teacher when I entered the Estonian Academy of Arts in 2007
and after a hiatus of a couple years when I was pursuing my
master's degree and Marge was at HISK (Higher Institute for
Fine Arts in Ghent, Belgium), we became colleagues and
friends. Although we did not become friends during my studies,
I appreciate her friendship and support all the more now. We
have a kind of uncompromising collegial bond, the roots of
which may well go back to the academy, but the essence of the
relationship – one artist's respect for another – is unrelated to
any institutional structure. The conversation below took place
in Marge's studio one rainy December afternoon.

*Paul Kuimet: A couple years ago, you started taking fewer
photographs. Instead, you began making more use of existing
imagery, and adapting and appropriating advertisements.
I assume this was related in some way to working in the
studio or the fact that you had your own studio for the first
time at HISK. How did working in a studio change your
practice compared to before that time?*
Marge Monko: Indeed, HISK
was my first chance to have my

29—41:
Untitled Photograms, 2014

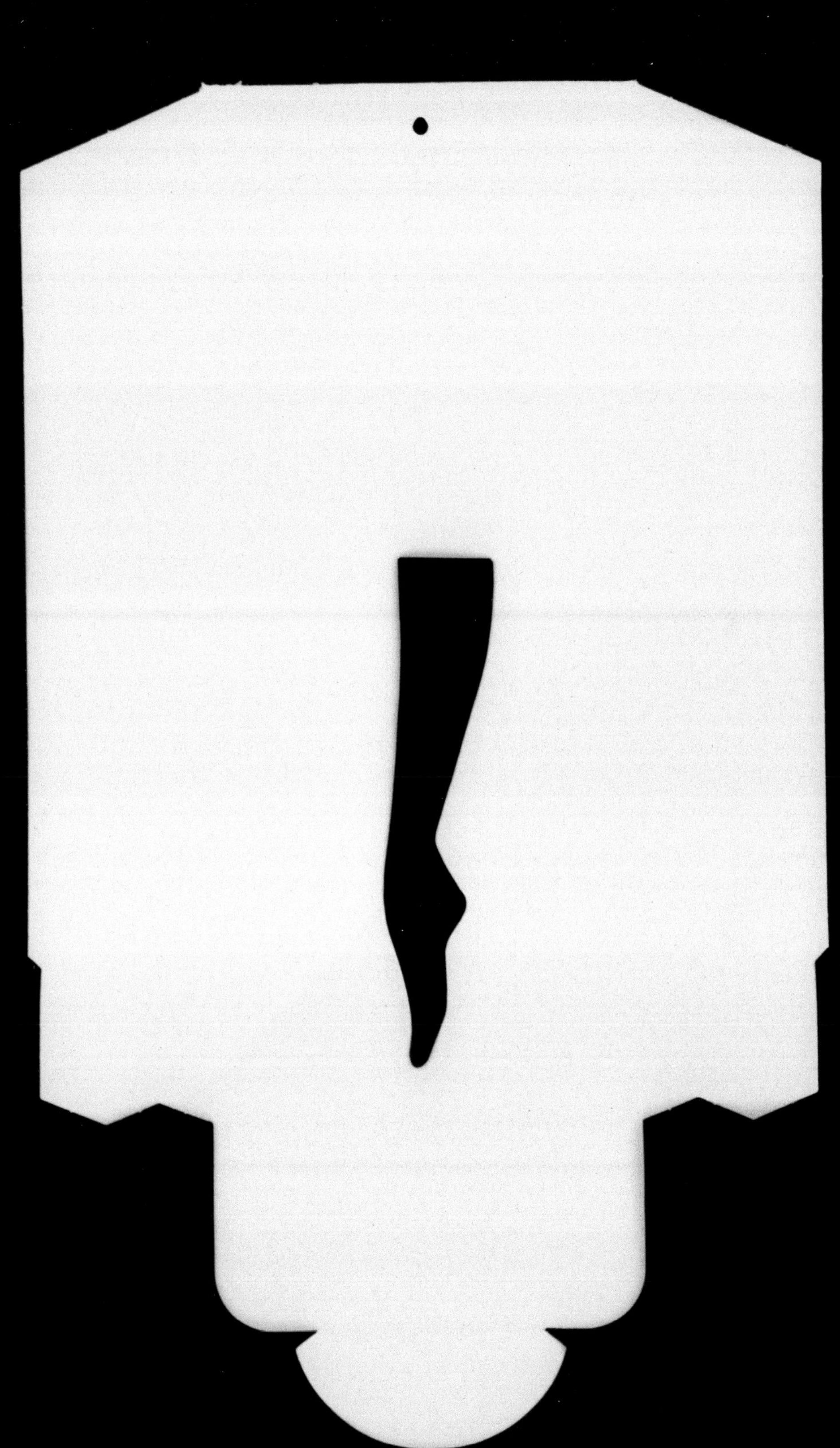

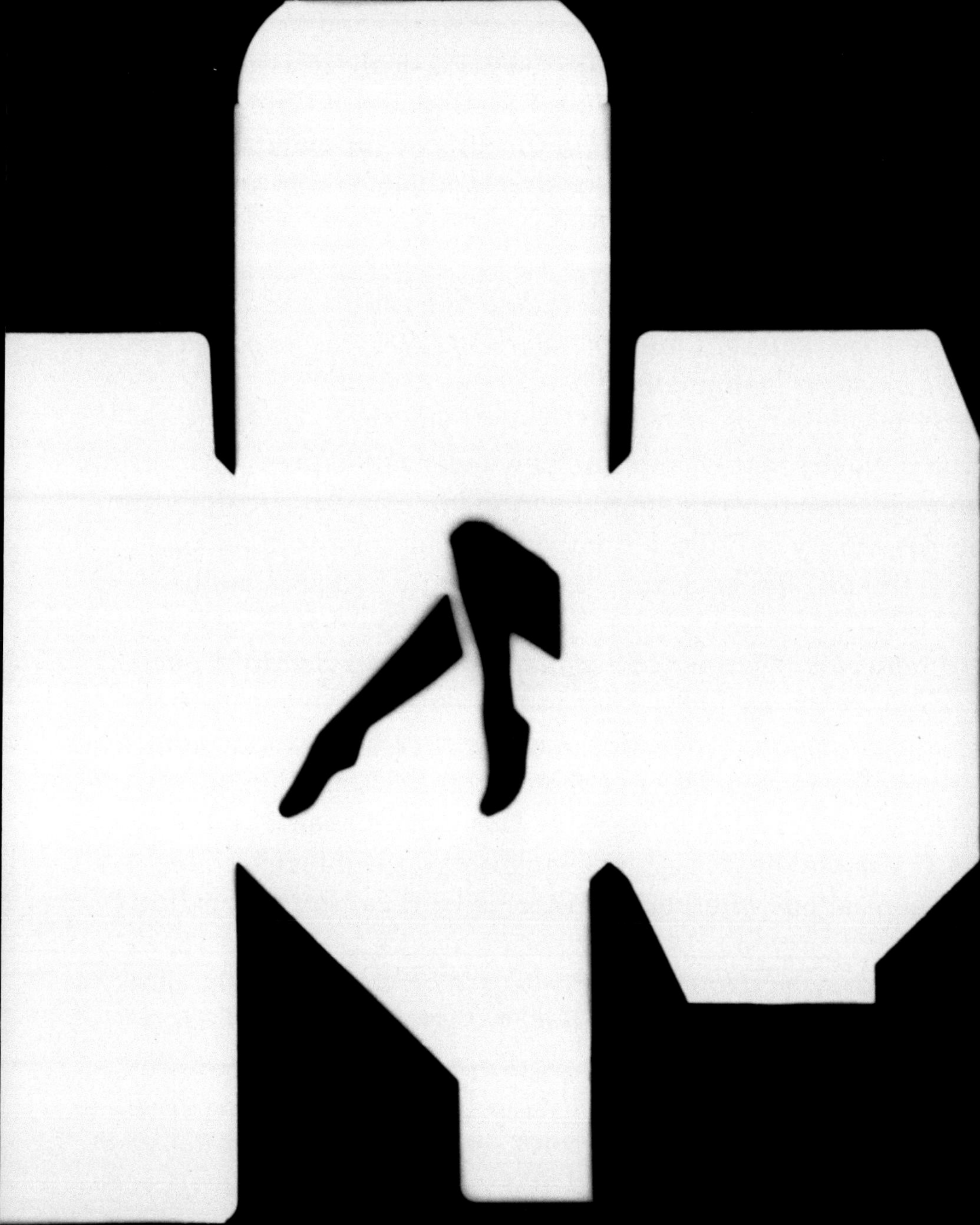

own work space. By that time, I was more or less conscious that I had developed an interest in working with different materials – I don't mean only images but also three-dimensional objects. I wanted to get more playful with my works and bring some lightness into them. From 2008 to 2011, I dealt with quite many topics related to labour politics. Exciting, but it didn't really lead anywhere else. The kind of discursive approach that I used back then involves certain working methods and formats which can occasionally be predictable.

I remember that when you talked about that period some time ago, you said the first year at HISK was largely a kind of … was it "languishing"?
Yes, it was languishing in that, well, if you try to change something in your practice and find new means of expression, you can't get them to work simply by the force of your imagination. You have to try out, test a number of things and it takes time. Some things I did back then were … really bad art (laughs).

I remember that our colleague, artist Tõnis Saadoja, once said – when we were in his studio with you – that no artist can change their practice overnight. At best, maybe you can imitate someone else but that's just self-deception.
Sure, it's a very painful process, because in some sense you're helpless. If you see that it isn't working for you, it'll bring up bigger questions about whether art really is your calling in this life.

You mentioned looking for a way to bring "lightness" into your works, and that made me think of humour, which is always prominent in your works in my opinion – I think it partially stems from the materials you use. I've always thought that if artists are working with some kinds of materials, even if they are generally considered to be pedestrian, cheap, even kitsch, the artist has a slightly different relationship with them and is enamoured with the materials in some way.
I've come to use two English keywords to signify what I started working on around 2013: display and desire. Display is truly a

concept I am still interested in today and which runs through all of my works. It is in some sense a very broad term and because of that, it's interesting – as it can denote a set of features that are meant as a display, like store windows or museum showcases – but it could also mean a screen, monitor. I'm interested in what intentions lie behind a given display. In 2014, I started photographing shop windows and this was also related to the Belgian context, because I was very taken with the way they use windows there. Not just storefront ones – windows in general have a very important role in that cultural space and the local architecture. In the case of window displays, I started taking an interest in what references they made to the fine arts, and in certain recurring elements that could be seen there. Besides photographing, I started collecting display stands for jewellery, all of which resemble parts of the body, such as a chest, head, neck or arm or hand. And these were really the kinds of objects I felt exerted a pull on me, and I still use them in my works to this day.

By desire, on one hand I mean desire for an object, which ties in with consumerism, but also desire as a central concept in the psychoanalytical sense. My interest in the language of advertising is probably connected to my childhood growing up in the Soviet era. With a shortage of basic staple goods, some items that were in particular short supply became cult objects that people were prepared to go to incredible lengths to acquire. But as Lacan says, the phenomenon of desire lies in the fact that it can never be satisfied completely and this is the basis of the advertising industry and the capitalist system in general.

But where does the motif with arches that we see there come from? (points to the work *Composition I (Arcades)*)
When I was looking at the show windows in Belgium, I discovered the design culture they call étalage has very strong traditions. It's present elsewhere in Western Europe as well, although the window displays in Germany and Austria are slightly different. And as I looked at those windows, I noticed that they

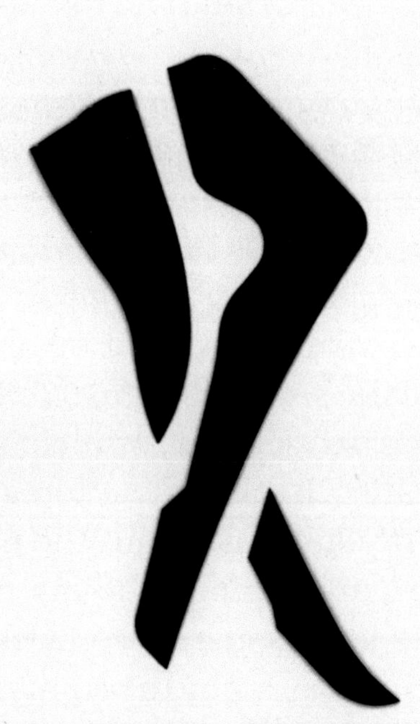

contain references to both art and classical architecture. There are colonnaded entrances and different pavilion motifs. In this specific work, the motif is borrowed from a perfume shop window and these arches are a specific reference to the shopping arcades of the late 19th century, which can be considered the predecessors of the modern shopping centre.

Of course, this reminds me of the Palazzo della Civiltá in Rome, which now houses the Fendi fashion house and museum. And what would you say about the humour that is found in your works?
That's a very interesting question – because now I can ask which works you consider humorous. It seems to me it isn't pointed out very often in the case of my work.

The performance Don't Wind It Up, Turn It On, *which evolved out of the photo series* Ten Past Ten, *is very witty – it features the live enactment of constructing an image and it all seems awkward and humorous at the same time. And naturally,* Dear D *also contains various such aspects, the clearest one being where the word intoxicated, thanks to Google Translate, becomes the Estonian word jommis, a colloquial-sounding word for tipsiness.*
Yes. Those humorous elements you mention are a natural outgrowth of the work. In the series *Ten Past Ten*, where I use photographs that advertise watches for men and women, they are focused on the details – hands in the foreground, referring to some larger whole. If you think about the narrative that is created here and we can imagine is taking place outside the frame, it is indeed comical in some sense. It begs the question of whom the hands belong to, what the (romantic) relationship between those people is. The fact that the majority of watches show that it's 10:10 gets various scenarios flowing in one's mind. Is it a.m. or p.m.? Is that particular hour and minute significant in some way? If you Google it, you can find a number of conspiracy theories as to why this particular time is used, and I used these motifs in my performance.

The central trajectory of *Dear D* is formed by a love letter
I write on the screen. And since falling in love tends to be a
condition that makes us sentimental, humour or self-irony are
ways to ease the tension and seriousness if only for a second,
and get an outside perspective on yourself.

And actually, in the work Women of the World, *too, when
the narrative gets to the second wave of feminism and how
it affected the language of advertising, it then presents to us
an ad where we see a modern couple spending their Sunday
touring some rural area. As an ad, it is perhaps plausible
but as soon as we hear in voiceover someone explaining
what caused the changes in advertising language, the façade
crumbles and it becomes almost like a self-parody.*
After all, advertising is very ideology-driven and constructs
certain fantasies, and if you were to deconstruct the construc-
tion, then …

*… you suddenly show how commonplace the intention is and
with what trivial means the structure has been put together.
But package it correctly and it just about works …*
Indeed, one thing I am struck by in ads is that they are often
very well packaged. The seeds of *Ten Past Ten* were planted by a
number of very interesting images I found browsing print ads in
eBay. I was really taken in by them visually. I started wondering
what verbal and visual means were used to create them and
how humorous aspects came up almost spontaneously when the
ads were deconstructed. Maybe it was also the product of a
certain difference between eras – most of the images I use are
from the time period spanning from the 1960s to the 1980s.

*What is the process of viewing art like for you and how does
it affect you as regards to media or the materials you use?
I'm asking this mainly in the context of self-reinvention.*
It influences me greatly. For me, attending exhibitions is part of
my work as an artist and I often derive quite a lot of inspiration
from the works of other artists. To be honest, I have trouble

taking seriously anyone who claims they aren't influenced by anything and they don't relate to others' works or look at other art besides their own.

But such artists do exist. Or let's say they attend exhibitions very selectively.

Of course, you become more selective, but I try to rise above such … let's say prejudices. Often I'm pleasantly surprised when I do go and see something I was sceptical about at first.

I've recently wondered what captivates me about creating art or what I expect from such activity, and the way I articulated it for myself is that on one hand I want to surprise myself and see something new. I don't want to feel like I'm repeating myself. But on the other hand – and there's a conflict here with the foregoing – I want to feel that what I've done is something that only I can create, and that in turn means that I want to recognize in it something familiar.
Speaking of influences, do you think that it is possible to find any kind of idiosyncratic artistic language where the influences are not necessarily concealed but where the way they have been assembled and what they've been linked to is unique and they can't be confused with anyone else's work? For example, your work New Romance *does have such an aspect I think – you've bound together air fresheners and magazines using a length of webbing ordinarily used for strapping down loads – in other words, using an item that usually isn't associated with them, but by using the right formal decisions, the compositions take shape and give rise to some new quality.*

Naturally, I'm also interested in the question of what the elements are that make a piece of art work. The fascinating thing about art for me is that there is no simple formula. A good work always contains something unknown. If an artist has used a formula, you can usually recognize it.

43—95:
Stills from *WoW (Women of the World, Raise Your Right Hand)*, 2018

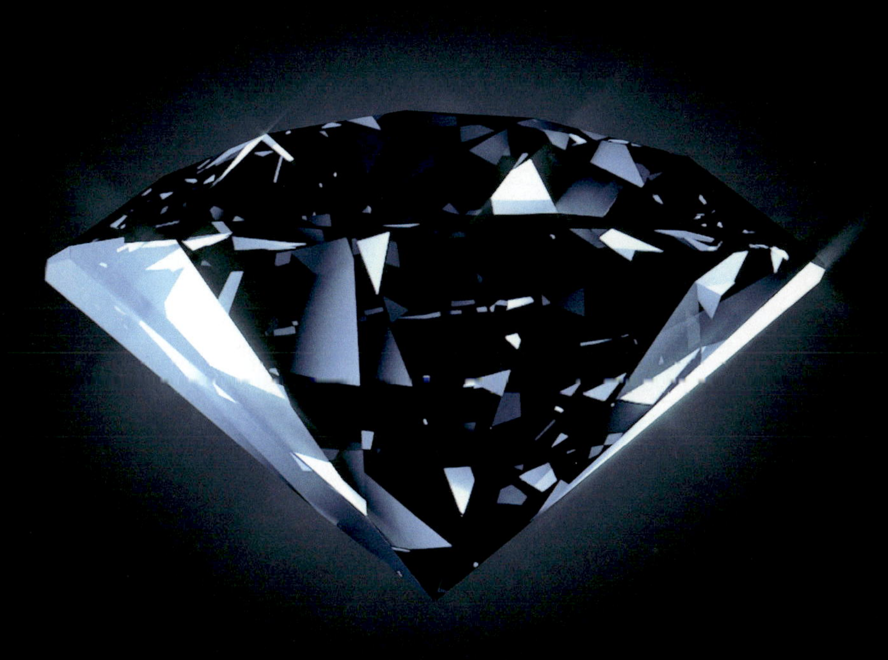

The new quality you mentioned could also be called Truth, although it sounds a little religious. The moment of truth is the moment that realization takes place, like the convergence point in a perspective drawing. It's as if you perceive something new that simultaneously resonates with what you knew and have experienced previously. There must be something in that idiosyncratic approach that we still look for it in the 21st century, even though people have long said that everything has been said and done before. Recently I was talking to a friend, who gave me a flash analysis of my most recent exhibition and said the neon referenced Bruce Nauman, the showcase was reminiscent of Wesley Meuris and the video suggested the works of Harun Farocki. I didn't get upset, it elicited more like a chuckle. In some sense, my friend was right – we all borrow – but in some sense, not at all. Naturally, I know that a whole slew of people before me have been engaged in found photography, starting from quite some time ago. And I am constantly having an internal dialogue on this topic. Yet I also try to get by so that it doesn't hobble my process.

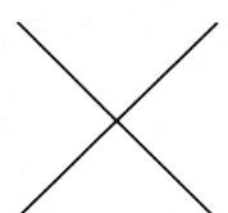

WOW (WOMEN OF THE WORLD,
RAISE YOUR RIGHT HAND)
Videoskript Marge Monko

I
Siri, ist ein Diamant für die Ewigkeit?

Deine linke Hand sieht Rot und denkt an Rosen.
Deine rechte Hand sieht Rot und denkt an Wein.
Deine linke Hand glaubt an eine glänzende Rüstung.

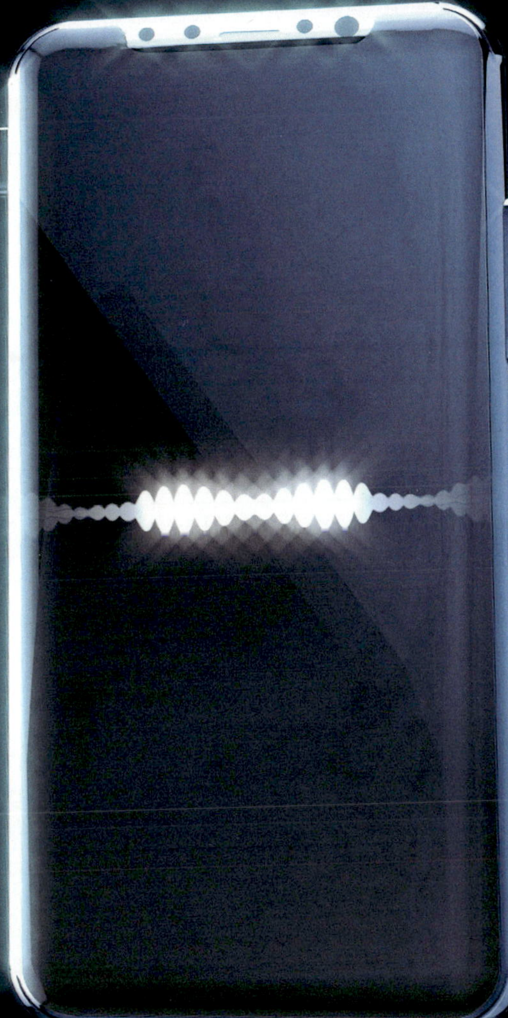

Diamanten gelten als selten und wertvoll, eine Investition, die ein ganzes Leben währt und noch darüber hinaus. Seit Ende des 19. Jahrhunderts hatte der Mythos von Diamanten als Symbolen der Liebe in den Vereinigten Staaten den größten Erfolg, wo 75 Prozent aller Bräute heute einen Diamantring tragen. In Europa hat sich der Diamant als Verlobungsgeschenk nie etabliert, und lange Zeit waren Diamanten Juwelen für Aristokraten und nicht für die Massen.

Die Geschichte des modernen Diamantenhandels nimmt mit der Entdeckung von Diamanten im südafrikanischen Kimberley im Jahr 1866 auf dem afrikanischen Kontinent ihren Anfang. 22 Jahre später gründete ein Unternehmer namens Cecil Rhodes De Beers Consolidated Mines Limited. Bis 1900 kontrollierte De Beers mit seinen Minen in Südafrika geschätzte 90 Prozent der weltweiten Produktion von Rohdiamanten.

Der Begriff »Diamant« stammt von dem altgriechischen Wort »adámas«, das »korrekt«, »unveränderlich«, »ungezähmt« bedeutet. Es wurde zur Beschreibung des härtesten bekannten Materials verwendet und wurde letztlich zum Synonym des Diamanten. Die ersten Diamanten wurden vor etwa 6.000 Jahren in Indien entdeckt und abgebaut und tauchten in Europa erstmals im 13. Jahrhundert auf. Der Diamantenfund in Südafrika gegen Ende des 19. Jahrhunderts hatte die Einfuhr von Diamanten in Europa zur Folge. De Beers begann, ein Monopol aufzubauen, und limitierte das Angebot und den Vertrieb von Diamanten fast überall in der Welt, einschließlich des größten Marktes in den Vereinigten Staaten. Der Diamantenmythos war geboren.

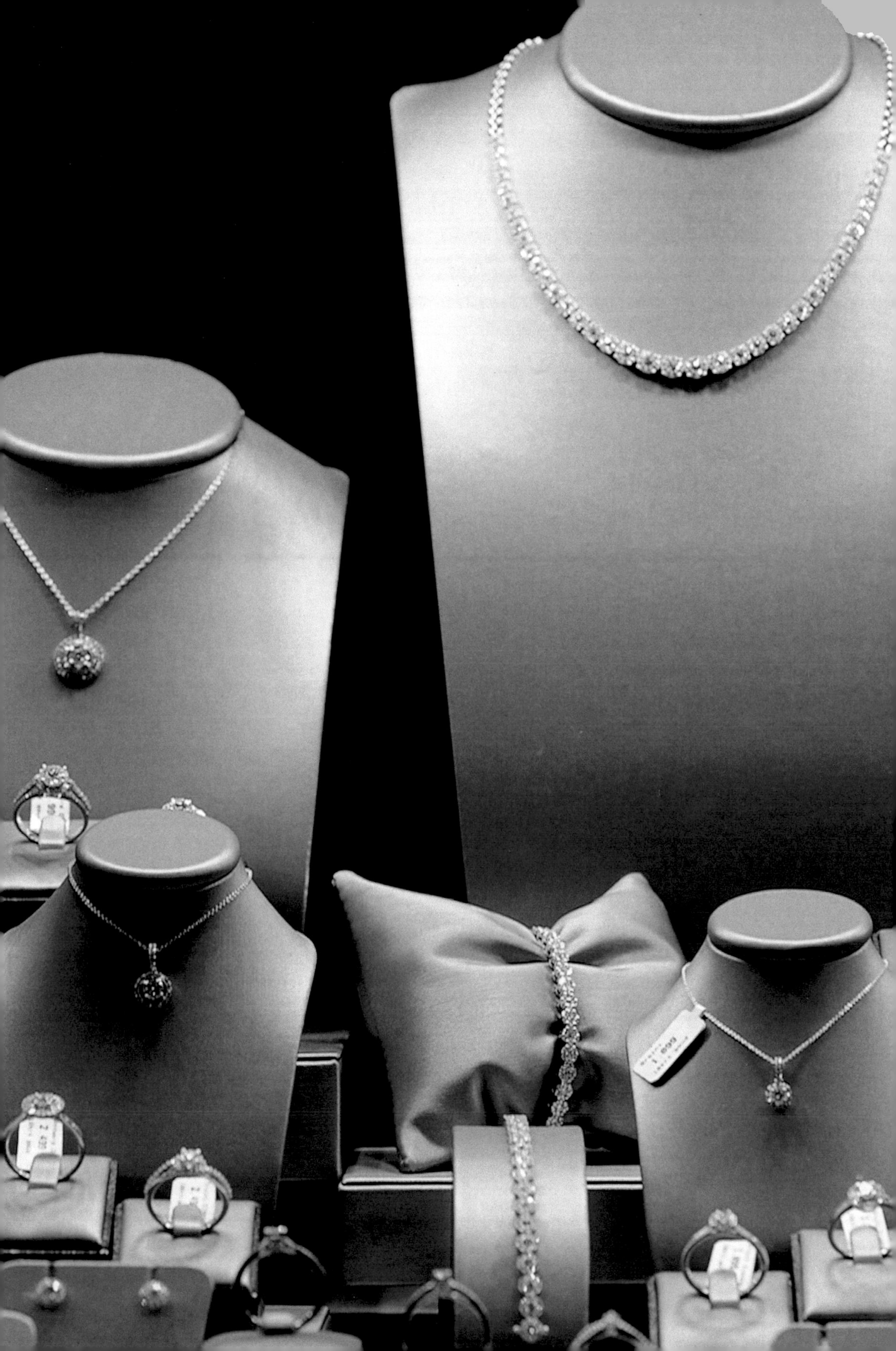

II
Siri, wer besitzt den schönsten Diamanten auf der Welt?

Deine linke Hand sagt »Wir«.
Deine rechte Hand sagt »Ich«.
Deine linke Hand liebt Kerzenlicht.
Deine rechte Hand liebt das Scheinwerferlicht.
Deine linke Hand schaukelt die Wiege.
Deine rechte Hand regiert die Welt.
Frauen der Welt, erhebt Eure rechte Hand.

Ende der 1930er Jahre kontaktierte die Familie Oppenheimer, ein Hauptaktionär von De Beers, die in Philadelphia ansässige Werbeagentur N.W. Ayer. Da die Gewinne in den Jahren der Weltwirtschaftskrise zurückgegangen waren, stellte sich ihr die Frage, ob Werbung in verschiedenen Formen den amerikanischen Diamantenumsatz fördern könne. De Beers ersann mit Hilfe der Werbeagentur eine Geschichte von Reichtum und sexueller Macht, verbunden mit einer speziellen Hochzeitsetikette. N.W. Ayer setzte sich ein ehrgeiziges Ziel: »Eine Situation zu schaffen, bei der fast jeder, der heiraten will, sich genötigt sieht, einen Diamantring zur Verlobung zu kaufen.«

Da sie Hollywood anvisierte, wandte sich die Agentur an die Filmagentin Maggie Ettinger und ihre Cousine, die Klatschkolumnistin Louella Parsons. De Beers und Ayer zahlten Ettinger jeden Monat einen großzügigen Geldbetrag, damit sie sich als Diamantenlobbyistin in Hollywood betätigte. Wann immer es eine Gelegenheit gab, Diamanten in einem Film auftauchen zu lassen, dann machte sie es möglich. In ihren Kolumnen zollte Parsons Verlobungsringen und vor allem Edelsteinen Aufmerksamkeit. Diese häufigen Erwähnungen mögen bedeutungslos erscheinen, doch durch die Wiederholung brannten sie die Idee eines Diamantverlobungsrings in die Köpfe der Öffentlichkeit ein. Sie trugen dazu bei, dass man Diamanten mit Prominenten in Verbindung brachte und sie dadurch glamourös und begehrenswert erschienen.

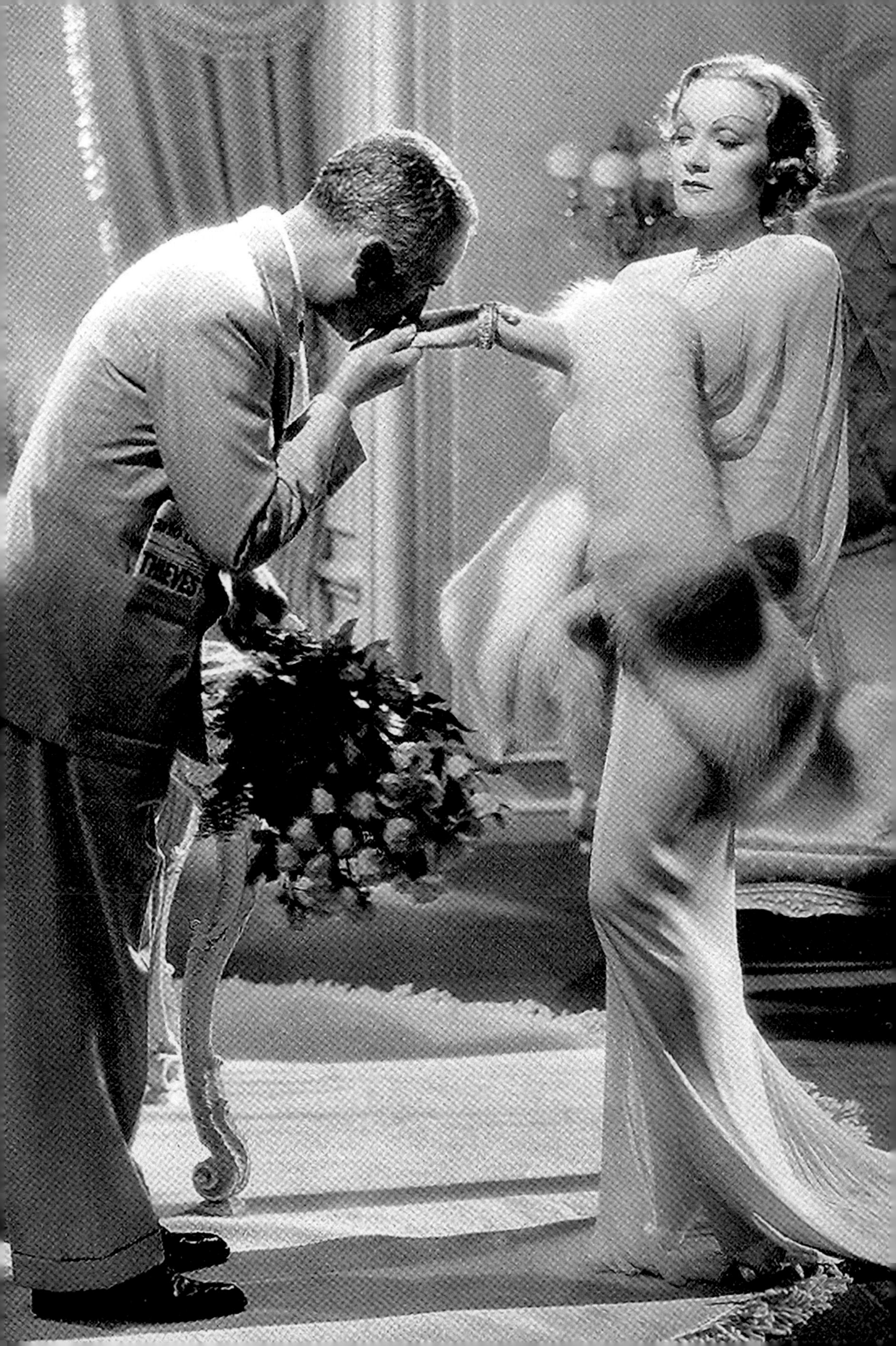

Da De Beers das weltweite Angebot an Rohdiamanten kontrollierte, verboten Antitrustgesetze, dass die Firma Geschäfte in den Vereinigten Staaten machte. Die Anzeigen durften nicht für De Beers werben oder auch nur Bilder von Juwelen zeigen, und so gab die Werbeagentur N.W. Ayer bei Künstlern wie André Derain gewagte Gemälde in Auftrag und erwarb bereits existierende Werke von Dalí und Picasso. Die Gemälde sollten die Vorstellung vermitteln, dass auch Diamanten einzigartige Kunstwerke sind. Der legendäre Art Director von N.W. Ayer, Charles Coiner, glaubte, dass es beim Einsatz von Kunst in der Werbung einen praktischen Nutzen gebe, und sein Erfolg lag in der gekonnten Verbindung von Forschung und Werbetexten mit Kunst begründet, ein Arrangement, das Coiner als »Kunst um des Geschäfts willen« bezeichnete.

III
Siri, sind Diamanten die besten Freunde einer Frau?

Deine linke Hand ist Dein Herz.
Deine rechte Hand ist Deine Stimme.
Deine linke Hand sagt »Ich mache es«.
Deine rechte Hand sagt »Was habe ich getan?«
Deine linke Hand kennt die Antworten.
Deine rechte Hand stellt die Fragen.
Frauen der Welt, erhebt Eure rechte Hand.

Die Geschichte des Diamantverlobungsrings geht auf das 15. Jahrhundert zurück, als Erzherzog Maximilian von Österreich Maria von Burgund einen Ring an den Mittelfinger ihrer Hand steckte. Der ägyptischen Tradition zufolge verläuft die Liebesader, die *venas amoris*, vom Herz bis zur Spitze des Mittelfingers. In den meisten Kulturen ist der Ringfinger der vierte Finger der linken Hand. Er wurde als Finger für den Verlobungsring ausgewählt, oder zumindest wird dies berichtet, weil dies der schwächste Finger ist und er nicht selbstständig

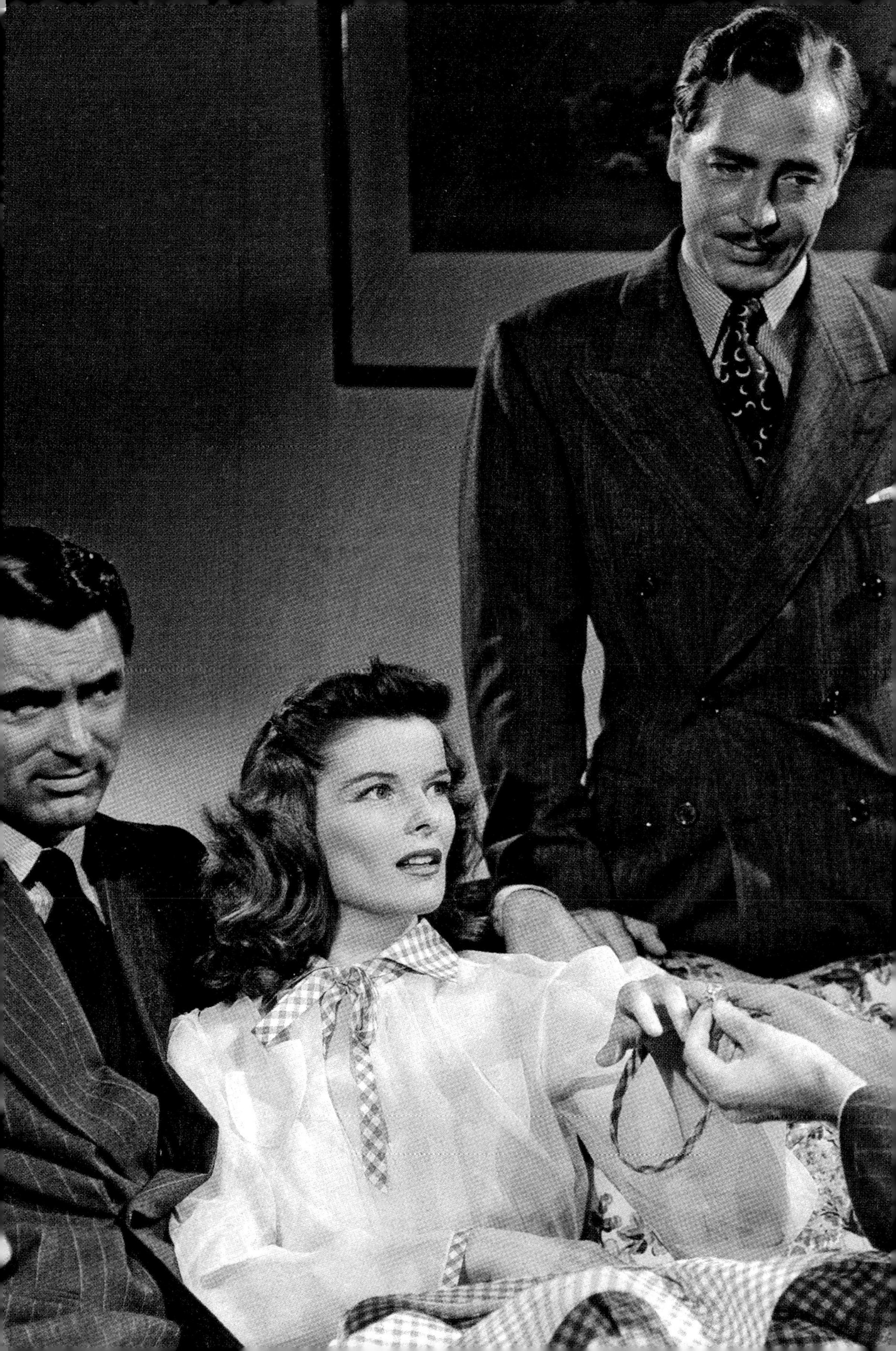

benutzt werden kann. Ein Ring an diesem Finger bedeutete,
dass sich die Ehefrau dem Mann unterwarf. In einigen europäischen Ländern werden Verlobungs- und Eheringe am vierten
Finger der rechten Hand getragen, was mit Reichtum und
Wohlergehen assoziiert wird.

Der berühmte Slogan »Ein Diamant ist für die Ewigkeit« wurde
von der Werbetexterin Frances Gerety der Agentur N.W. Ayer
1946 entwickelt. Die nächsten 25 Jahre lang zeichnete sie für
alle Werbeanzeigen der Agentur verantwortlich.

»Gefühl ist genauso wesentlich für Ihre Werbung, wie es auch
für Ihr Produkt ist«, empfahl die Agentur De Beers in einer
Notiz, »die emotionale Konnotation des Diamanten ist der
einzige Wettbewerbsvorteil, den kein anderes Produkt bean-
spruchen oder bestreiten kann.«

Die Werbeagentur erklärte in ihrem Strategiepapier von 1948:
»Wir verbreiten die Nachricht von Diamanten, die von Lein-
wand- und Bühnenstars, von Ehefrauen und Töchtern von Spit-
zenpolitikern, von jeder Frau getragen werden, die die Ehefrau
des Lebensmittelhändlers und den Schatz des Mechanikers
sagen lassen ›Ich wünschte, ich hätte, was sie hat‹«.

In den turbulenten Zeiten von Bürgerrechtsbewegung und der
zweiten Welle des Feminismus von 1968 bis zu Beginn der 1970er
Jahre wurde die Darstellung von Deanne Torbert Dunning be-
stimmt. Wegen eines vorherrschenden Nonkonformismus, der
Entmystifizierung der Institution Ehe sowie der Existenz der
Pille bekam die Werbung einen stärkeren Alltagscharakter. Eine
der Werbeanzeigen von 1973 zeigt eine Fotoserie mit einem lässig
gekleideten jungen Paar, das mit dem Auto in die Natur fährt.
Der Slogan lautet: »Um allein zu sein und zu reden, zu träumen,
Pläne zu schmieden, fuhren wir ziellos durch die Gegend, an
keinen bestimmten Ort. Und dann sagte er: ›Ist es nicht an der
Zeit, dass wir aufhören, nirgendwohin zu fahren, und beginnen,
unser Leben irgendwohin führen zu lassen?‹ Und ich sagte ja.«

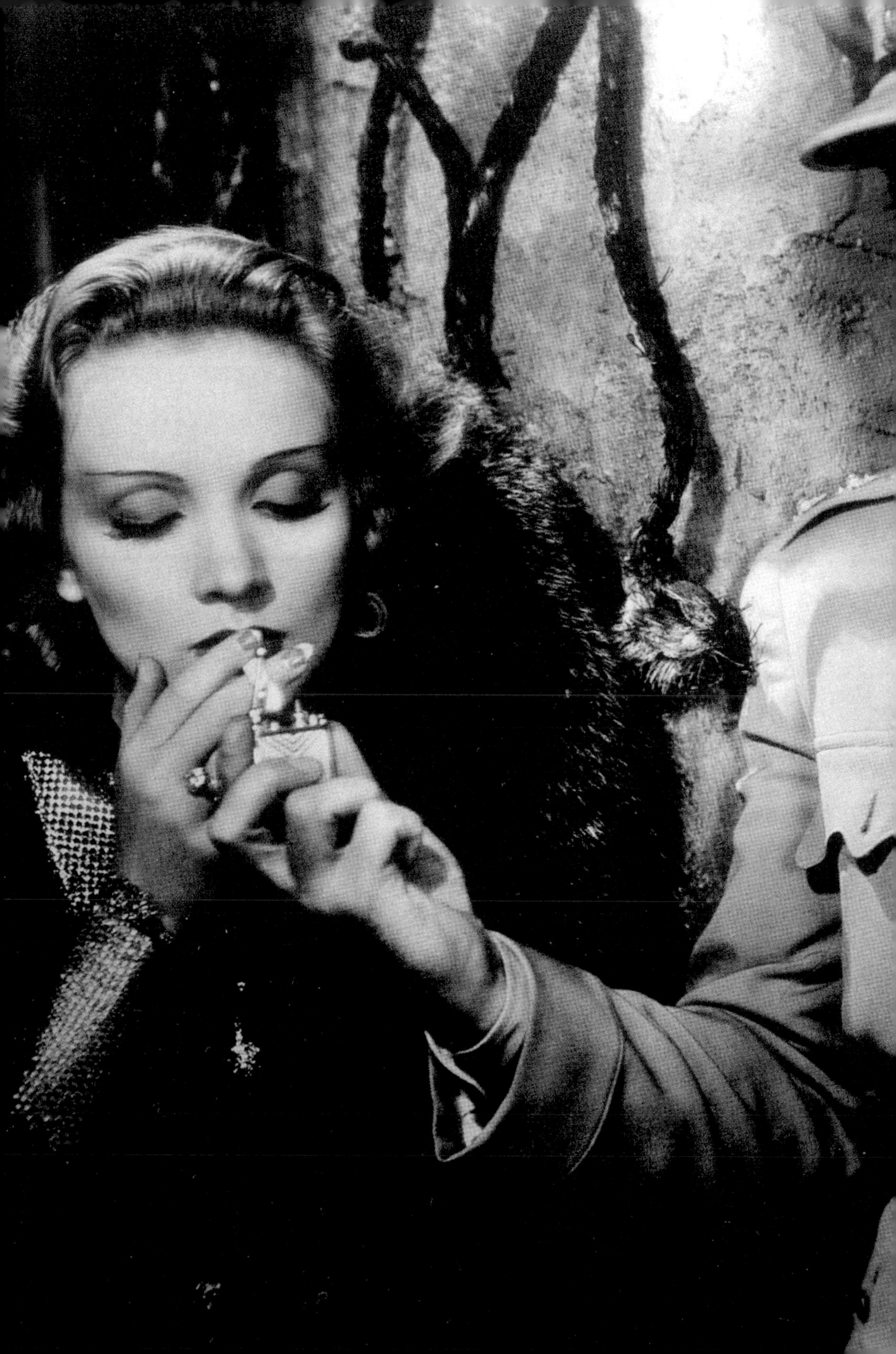

IV

Siri, is rock still alive every time Kanye rhymes?

Deine linke Hand ist die vernünftige.
Deine rechte Hand ist die verrückte.
Deine linke Hand tut das, was sie soll.
Deine rechte Hand tut das, was ihr gefällt.
Deine linke Hand weiß, dass Gott die Frau erschuf.
Deine rechte Hand denkt, dass Gott eine Frau ist.
Frauen der Welt, erhebt Eure rechte Hand.

2003 lancierte The Diamond Trading Company, der Handels-
zweig der De Beers-Gruppe, eine Werbekampagne für einen
Ring für die rechte Hand, die auf Frauen abzielte, die ihre
Freiheit feiern wollen. Der Ring für die rechte Hand wurde
zunehmend als Ring der »Macht« bezeichnet. Immer mehr
Frauen avancieren zum Hauptverdiener, so dass dies der
passende Name für einen Ring ist, der Frauen als weiteres
Mittel dient, um ihren Einfluss und ihre Unabhängigkeit
zu erklären.

Mit Hilfe der in New York ansässigen Werbeagentur J. Walter
Thompson wurde der Ring für die rechte Hand auf dem Markt
mit einer millionenteuren Kampagne eingeführt, die Diamant-
ringe eher mit der Mode als mit Romantik in Verbindung bringt.
Die Serie gedruckter Werbeanzeigen erschien in Modemaga-
zinen wie *Elle*, *Vogue* und *InStyle*. Die Anzeigen präsentierten
Models in Abendkleidung, die ihre Ringe zeigen. Sie erscheinen
selbstbewusst, stark und aufsässig. Genau wie in Renaissance-
porträts sind die Hände auf den Fotos mit Präzision inszeniert.
Wir sehen kaum die Gesten, da wir von dem Klunker geblendet
sind, einem intensiven Lichtstrahl, der von dem Diamanten auf
uns zurückgeworfen wird. Die Funktion der Geste besteht
darin, den Status des Porträtierten anzuzeigen sowie den Blick
des Betrachters zu lenken, in ihm den Wunsch des Betrachtens
zu erregen. Der Blick kann nur schwer in dem Bildraum um-
herwandern und sein Verlangen fixieren – stattdessen wird er

54

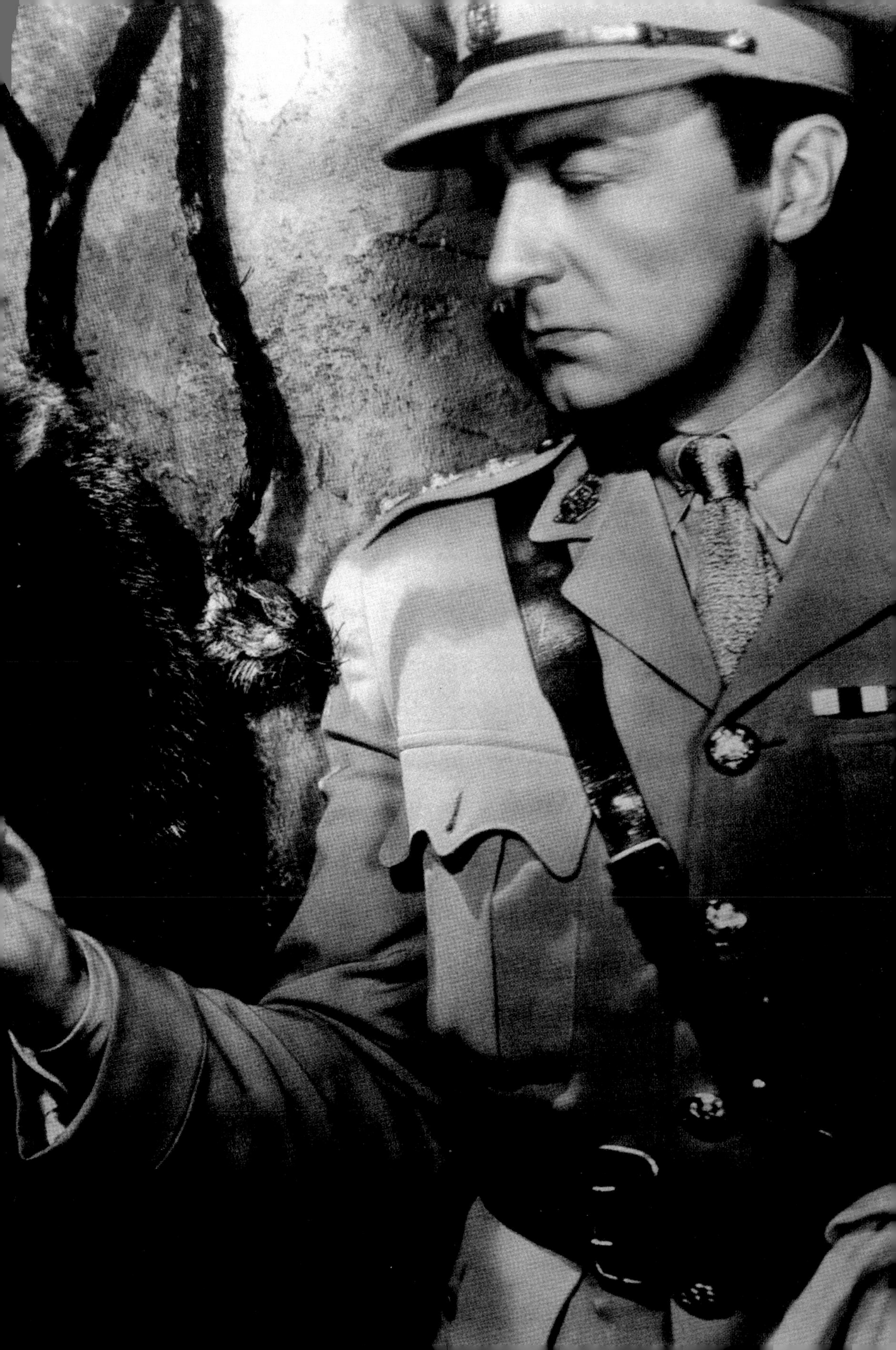

auf uns zurückgeworfen. Anstatt zu suggerieren, dass die
Frauen der Welt einfach mehr Schmuck brauchen, signalisiert
die zugrundeliegende Botschaft, dass es neue Wege des Verlangens gibt.

V

Siri, ist ein Diamant für den Augenblick?

Deine linke Hand lebt für die Liebe.
Deine rechte Hand lebt für den Augenblick.
Deine linke Hand will festgehalten werden.
Deine rechte Hand will hochgehalten werden.
Frauen der Welt, erhebt Eure rechte Hand.

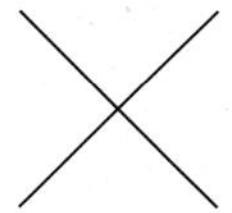

WOW (WOMEN OF THE WORLD, RAISE YOUR RIGHT HAND)

Videoscript Marge Monko

I

Siri, is a diamond forever?

Your left hand sees red and thinks roses.
Your right hand sees red and thinks wine.
Your left hand believes in shining armor.
Your right hand thinks knights are for fairy tales.
Your left hand says, "I love you."
Your right hand says, "I love me, too."
Women of the world, raise your right hand.

56

Diamonds are believed to be rare and valuable, an investment that lasts for a lifetime and beyond. Since the end of the 19th century, the myth of diamonds as symbols of love has been most successful in the United States, where 75 percent of all brides nowadays wear a diamond ring. In Europe, the diamond as an engagement present has never taken hold, and for a long time diamonds have been jewels for aristocrats rather than for the masses.

The story of the modern diamond market begins on the African continent, with the 1866 discovery of diamonds in Kimberley, South Africa. 22 years later, an entrepreneur called Cecil Rhodes established De Beers Consolidated Mines Limited. By 1900, De Beers, through its mines in South Africa, controlled an estimated 90 percent of the world's production of rough diamonds.

The word "diamond" is derived from the ancient Greek word "adámas" meaning "proper," "unalterable," "untamed." It was used to describe the hardest substance known, and eventually became synonymous with diamond. The first diamonds were discovered and mined in India up to 6,000 years ago and started to appear in Europe in the 13th century. The diamond discoveries in South Africa in the end of the 19th century resulted in an influx of diamonds in Europe. De Beers started to build up a monopoly limiting the supply and distribution of diamonds in most of the world, including in their biggest market, the United States. The myth of diamonds was born.

II

Siri, who owns the most beautiful diamond in the world?

Your left hand says "We."
Your right hand says "Me."
Your left hand loves candlelight.
Your right hand loves the spotlight.

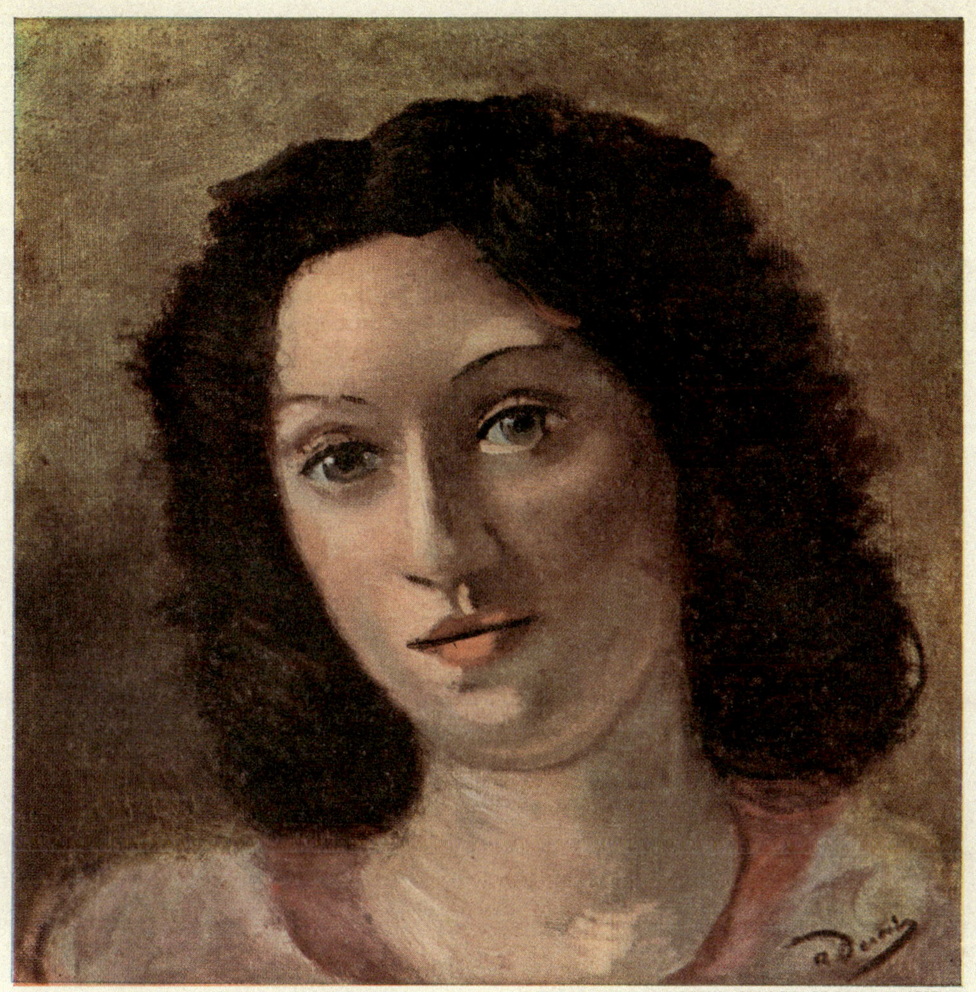

PAINTING BY ANDRE DERAIN. FROM THE DE BEERS COLLECTION

…er a face

No one can speculate the precise moment at which any given man will meet

his destiny. One finds it suddenly in a lovely, laughing face which h

has known since it was framed in pigtails. Another glim

briefly, flaming bright among a host of strangers.

Yet to each man there comes the inevitable moment when he realizes that by

the expression of one particular face he will mould his future. That in

these eyes of blue or grey or brown he finds at last his joy reflected

. . . that this shy smile is meant forever, he hopes, alone for his encourag

Just as inevitably, he finds himself seeking the one radiant, flashing symbol

precious enough to star his new-found happiness, a diamond! But in the

of his engagement diamond, alas! — no divine conviction will exist to guide h

A trusted jeweler should be his adviser, naturally. And he will spare no pains to

…lity Diamonds. (Ex-
) Size alone does not
nd excellence of cut-
ble jewelers will ar-
r an extended period.

At the end of the 1930s, the Oppenheimer family, a main share-
holder in De Beers, contacted the advertising agency N.W. Ayer,
based in Philadelphia. Because the profits had gone down in
the years of the Great Depression, their question was whether
propaganda in various forms could boost the American sales of
diamonds. De Beers, with the help of the advertising agency,
created a narrative of wealth and sexual potency, linked through
a specific wedding etiquette. N.W. Ayer set an ambitious goal:
"to create a situation where almost every person pledging marriage feels compelled to acquire a diamond engagement ring."

Aiming at Hollywood, the agency reached out to movie publicist
Maggie Ettinger, and her cousin, gossip columnist Louella
Parsons. De Beers and Ayer paid Ettinger a generous amount of
money every month to act as a diamond lobbyist in Hollywood.
If there was an opportunity for diamonds to appear in a movie,
she made it happen. In her columns, Parsons paid attention
to engagement rings, and especially to gems. These frequent
mentions might seem insignificant, but through repetition they
cemented the idea of the diamond engagement ring in the mind
of the public. They helped to link diamonds with celebrities,
making them glamorous and desirable.

Because De Beers controlled the world supply of rough diamonds, antitrust laws prohibited the company from doing business in the United States. The ads could not promote De Beers,
or even show pictures of jewelry, so the advertising agency
N.W. Ayer commissioned bold paintings by artists like André
Derain and purchased existing works by Dalí and Picasso.
The aim of the paintings was to convey the idea that also diamonds were unique works of art. The legendary art director
of N.W. Ayer, Charles Coiner, believed that there was a practical
side to the use of fine art in advertising, and his success

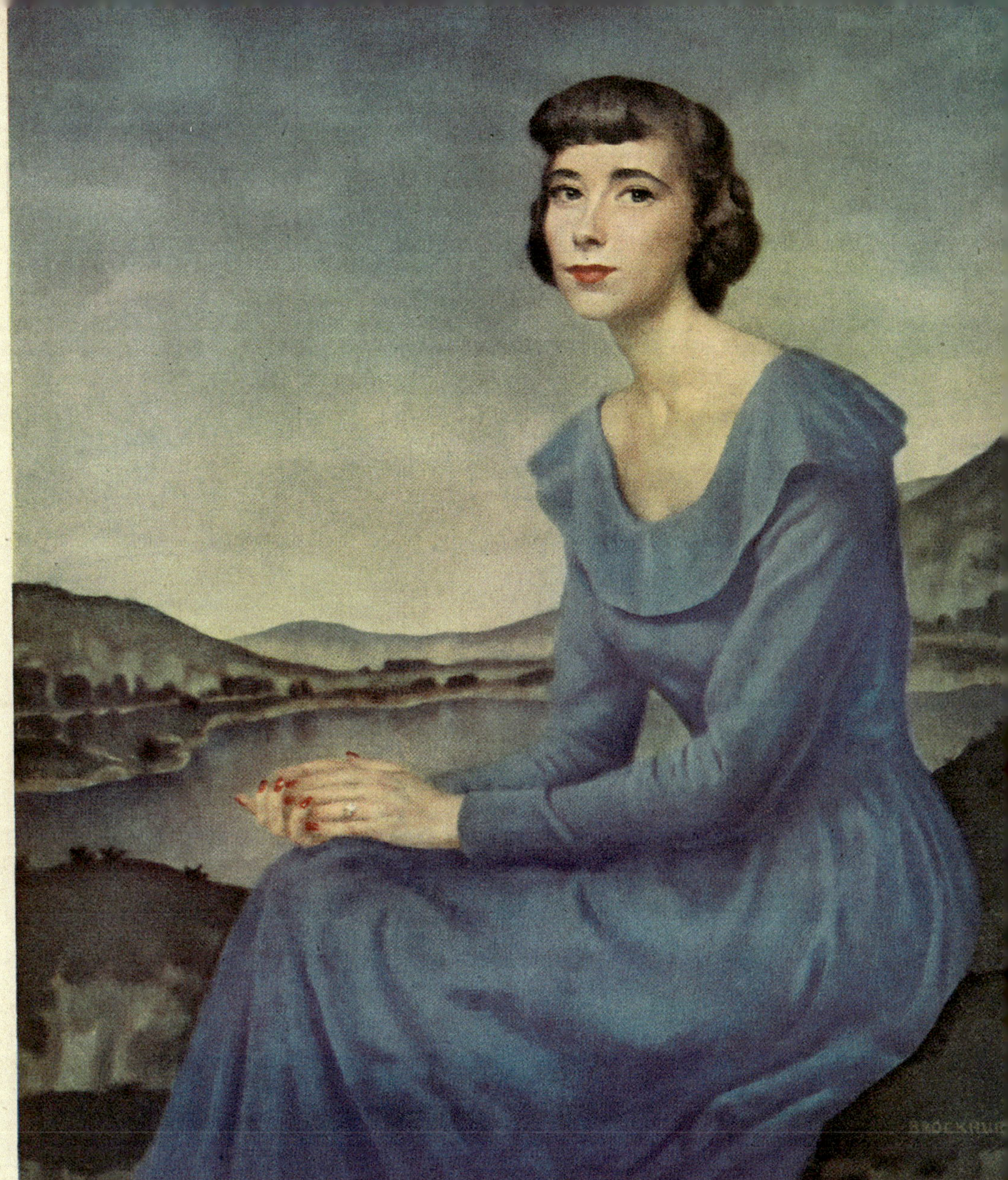

How proudly the bright engagement diamond, in all its glorious tradition, does acclaim the happiest of rites.

Treasured keepsake then, your ring-stone becomes more cherished through the years. Though it may be modest

in cost, it should be chosen with care. Color, cutting, and clarity, as well as carat weight, contribute

to its beauty and value. A trusted jeweler is your best adviser.

De Beers Consolidated Mines, Ltd.

lay in the marriage of research and copywriting with fine art,
an arrangement Coiner termed "art for business' sake."

III

Siri, are diamonds a girl's best friends?

Your left hand is your heart.
Your right hand is your voice.
Your left hand says "I do."
Your right hand says "I did what?"
Your left hand knows the answers.
Your right hand asks the questions.
Women of the world, raise your right hand.

The history of the diamond engagement ring goes back to the
15th century when Archduke Maximilian of Austria offered
Mary of Burgundy a ring on the middle finger of her left hand.
According to Egyptian tradition, the love vein, the *venas amoris*,
runs from the heart to the top of the middle finger. In most cul-
tures, the ring finger is the fourth finger of the left hand. It was
chosen, or so it is told, for the placement of the betrothal ring
because it is the weakest finger and cannot be used independently.
A ring on this finger signified subjugation of the wife to the
husband. In some European countries, the engagement and
marriage rings are worn on the fourth finger of the right hand,
associated with wealth and prosperity.

The famous slogan "A diamond is forever" was devised by N.W.
Ayer's copywriter Frances Gerety in 1946. For the next 25 years,
she wrote all the company's ads.

"Sentiment is essential to your advertising, as it is to your
product," the agency counseled De Beers in a memo, "for the
emotional connotation of the diamond is the one competitive
advantage which no other product can claim or dispute."

62

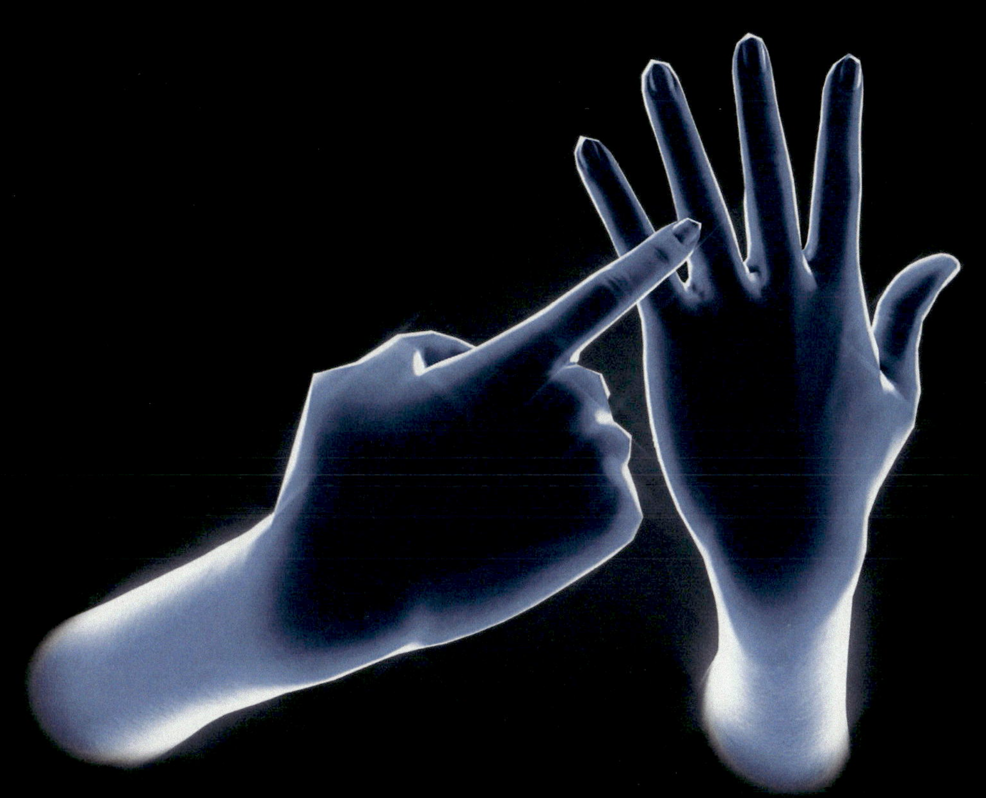

The advertising agency explained in its 1948 strategy paper, "We spread the word of diamonds worn by stars of screen and stage, by wives and daughters of political leaders, by any woman who can make the grocer's wife and the mechanic's sweetheart say 'I wish I had what she has.'"

During the turbulent times of civil rights and second-wave feminist movement from 1968 to the beginning of the 1970s, the account was written by Deanne Torbert Dunning. Because of a dominant anti-establishment feeling, hand in hand with the demystification of the institution of marriage as well as the existence of the pill, the ads obtained a more everyday character. One of the ads from 1973 shows a photo series of a casually dressed young couple taking a car ride into nature. The line goes: "To be alone to talk, to dream, to scheme, we took aimless drives to no place special. Then he said, 'isn't it time we stopped driving nowhere and started our lives going somewhere?' And I said yes."

IV

Siri, is rock still alive every time Kanye rhymes?

Your left hand is the sensible one.
Your right hand is the crazy one.
Your left hand does what it should.
Your right hand does what it pleases.
Your left hand knows that god created woman.
Your right hand thinks that God is a woman.
Women of the world, raise your right hand.

In 2003, The Diamond Trading Company, the trading arm of the De Beers group, launched a right-hand ring advertising campaign aimed at women who want to celebrate their freedom. The right-hand ring was increasingly referred to as the "power" ring. More women become the primary breadwinner, so this is

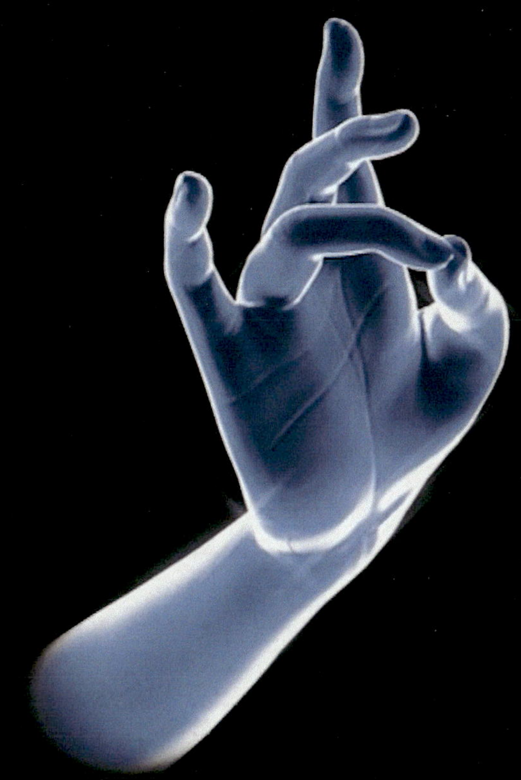

a fitting name for a ring that has become another way for
women to proclaim influence and independence.

With the support of New York-based advertising agency
J. Walter Thompson, the right-hand ring was introduced with
a multimillion-dollar campaign that links diamond rings to
fashion rather than to romance. The series of print ads ran in
fashion magazines such as *Elle, Vogue*, and *InStyle*. Ads
included photos of models dressed in evening clothes showing
the rings. They appear self-conscious, powerful, and defiant.
As in renaissance portraits, the hands on the photos are orches-
trated with precision. We hardly see the gestures because we
are blinded by the bling, a ray of intense light projected back to
us from the diamond. The role of the gesture is to indicate the
status of the sitter as well as to lead the gaze of the viewer,
appealing to the desire of looking. It is difficult for the gaze to
wander around in the image-space and to fix desire – it's thrown
back to us instead. Instead of suggesting that women of the
world simply need more jewelry, the underlying message desig-
nates that there are new ways to desire.

V

Siri, is a diamond for now?

Your left hand lives for love.
Your right hand lives for the moment.
Your left hand wants to be held.
Your right hand wants to be held high.
Women of the world, raise your right hand.

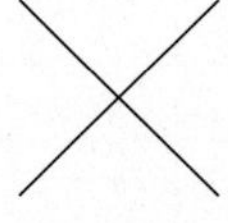

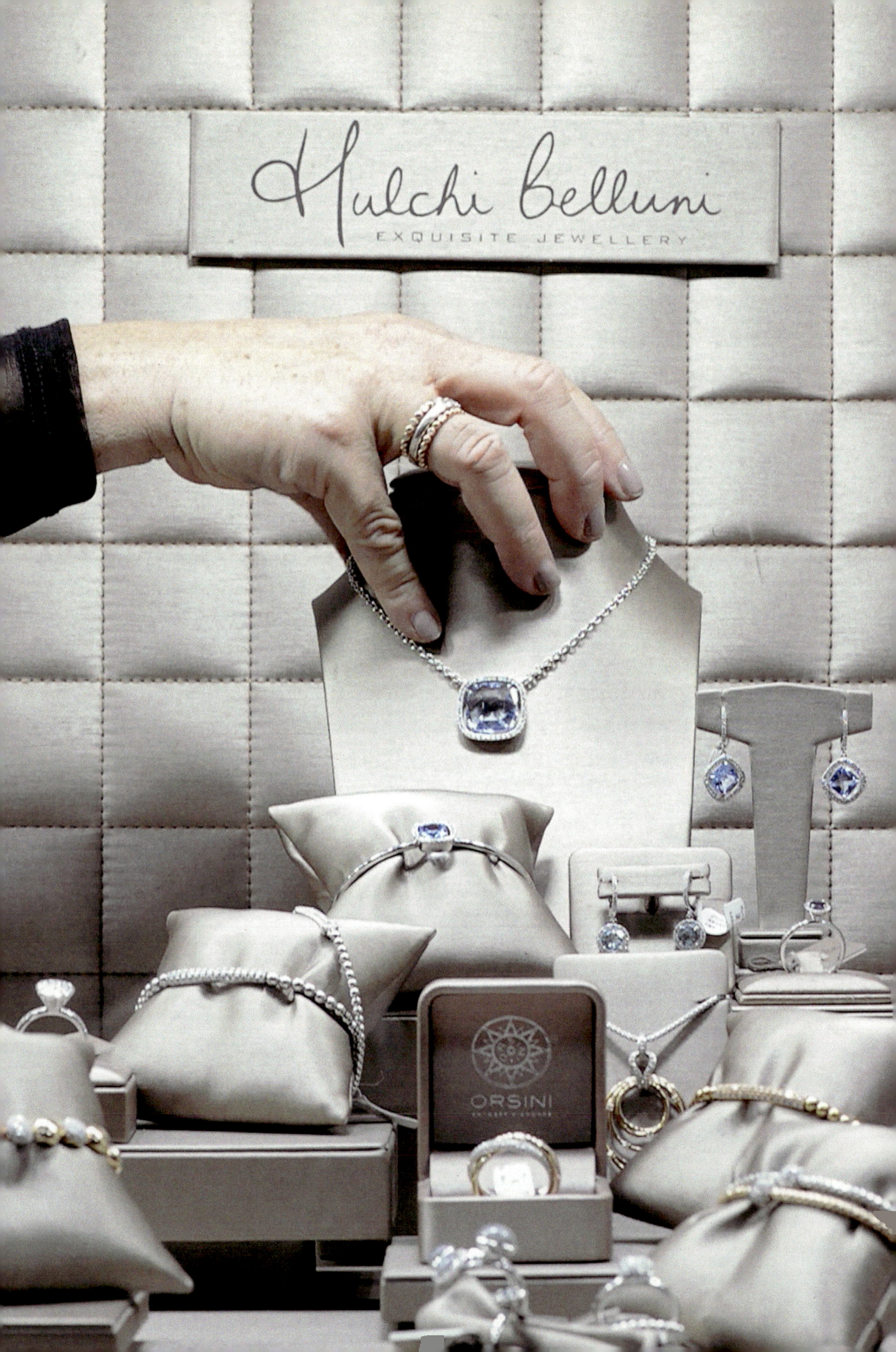

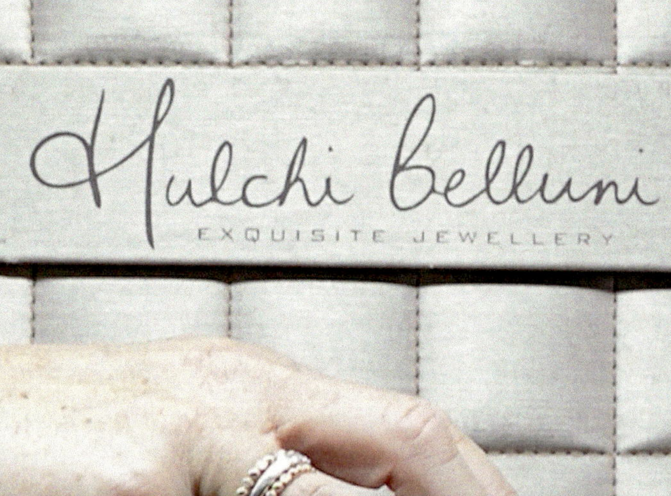

Hulchi Belluni
EXQUISITE JEWELLERY
ORSINI

POLITIK, BEGEHREN UND ÄSTHETIK IM WERK VON MARGE MONKO

Maren Lübbke-Tidow

Bindungsstellen

Stellen Sie sich vor, Sie würden mit einer Lupe einen über einen Körper gezogenen Nylonstrumpf betrachten. Was Sie dann sehen, ist ein feines Maschengewebe – mehr oder weniger transparent. Wenn Sie noch näher an Ihren Gegenstand herangehen und versuchen, eine einzelne Masche des Strumpfes heranzuzoomen, dann erkennen Sie, dass hier eine feine Fadenschlinge von vier sogenannten »Bindungsstellen« umgeben ist, die sie festhalten. Erst durch diese vier ineinanderwirkenden Bindungsstellen entsteht ein nahtloses und glattes Gewebe.

Ganz ähnlich verhält es sich mit der Arbeit der 1976 im estnischen Tallinn geborenen Künstlerin Marge Monko: Alle Aspekte ihrer Arbeit sind eng miteinander verwoben. Und wie der Strumpf – ein wiederkehrendes Motiv in ihrer Arbeit – folgt auch das Werk einem hohen ästhetischen Anspruch. Zugleich steht es – abermals wie der Strumpf – für Begehren und Politik. Nur: Welche Schlingen knüpft die Künstlerin, und wie können wir die Bindungsstellen genauer beschreiben, mit denen der Stoff entsteht, aus dem Marge Monkos großes Werk gemacht ist?

Die erste Bindungsstelle sind Marge Monkos persönliche Erfahrungen, die in die Geschichte und Gegenwart ihres Heimatlandes führen. Die Arbeit findet ihren Ausgangspunkt vor allem in der Zeit, als Estland seine Unabhängigkeit von der (zerfallenden) UdSSR erlangte – 1991 – , in einer Zeit also, in der sich die Länder des ehemaligen Ostblocks »in einer permanenten Struktur der juridisch-politischen Ent-Ortung und Verschiebung«[1] befunden haben. Aus politikwissenschaftlicher Sicht wird diese Zeit »vor allem als eine Übergangsphase bzw. ein Wandlungsprozess verstanden, in dem aus einer realsozialistischen Gesellschaft eine kapitalistisch-demokratische wird. So findet die Politikwissenschaft auch keinen Grund, diesen Übergang als eine bestimmte historische Epoche aufzufassen …

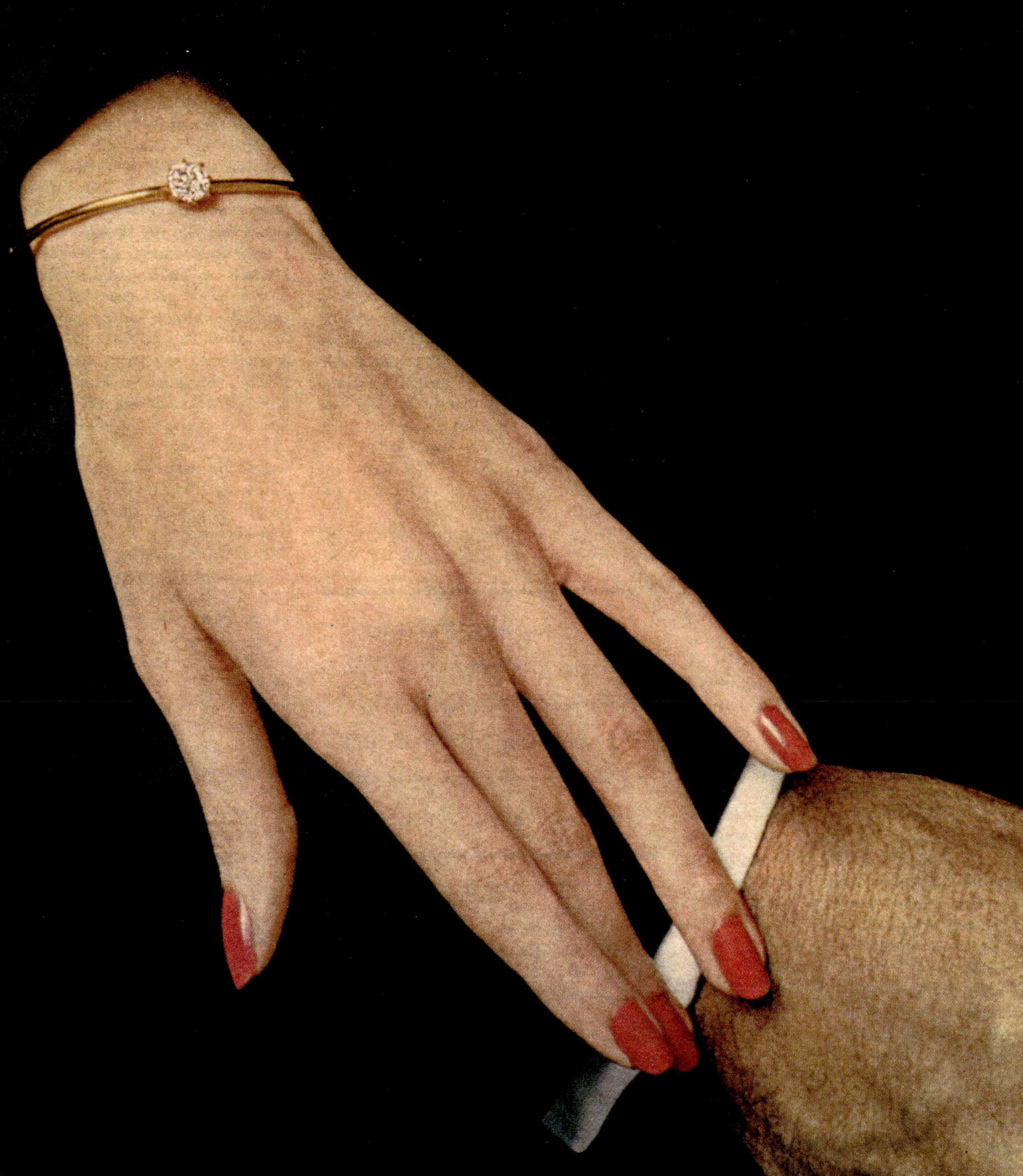

here comes a time to say thank you with more than words.

You're proud as well as happy that she's the one on your arm. Say it with one magnificent diamond, created by **Baumgold**...set in our classic bangle bracelet.

Baumgold Bros. Inc.
Diamond Cutters

580 Fifth Avenue, New York, N.Y. 10036   212/840-3377   800/223-9924

ct us for the name of the fine jeweler nearest you who will be happy to show you this and other Baumgold diamonds.

Statt dessen bevorzugt sie ... das Konzept einer *transition to democracy* ... Im Grunde beruht dieses auf der zynischen Idee, daß Menschen, die ihre Freiheit selber erkämpft haben, zuerst erlernen müssen, sie richtig zu genießen.«[2] Vom »Genuss« – um in der Diktion des Zitats zu bleiben –, den die errungene Freiheit den Menschen gebracht hat, aber auch davon, welcher Preis dafür gezahlt wurde, erzählt das Werk von Marge Monko.[3]

Die zweite Bindungsstelle sind die konkreten Themen, die das Werk bestimmen. Die Ambiguität unserer Selbst- und Fremdbilder bzw. unsere Projektionen und Zuschreibungen auf »die anderen« beispielsweise sind ein Thema, das immer wieder aufgriffen wird. Diese Ambiguität hat viel mit den Umbrucherfahrungen zu tun, die dem Systemwechsel geschuldet sind und die die Künstlerin entlang der Geschichte der Arbeiter- und Protestbewegungen bis in die jüngste Gegenwart erzählt, entlang einer Analyse der veränderten Arbeitsbedingungen und -modelle, entlang der Errungenschaften von Frauen in der Arbeitswelt sowie an ihren gewonnenen und eingebüßten Freiheiten etc. Aber auch die Industrie ist Gegenstand der Arbeit, wenn immer wieder Industriearchitektur und ihre Standorte untersucht oder Mechanismen der Werbeindustrie bzw. ihre Kampagnen kritisch durchleuchtet werden.

Monkos Arbeit können wir als einen Spiegel begreifen, der verschiedene Perspektiven einfängt und jeweils auf den Menschen zurückwirft – und ihn dabei nicht unberührt lässt. Dieses Moment steht in enger Verbindung zur dritten Bindungsstelle, dem Begehren. Es geht einerseits um ein Begehren, das die Künstlerin heraufbeschwört, indem sie begehrenswerte Objekte hochästhetisch in Szene setzt. Es geht andererseits aber auch um das Begehren (und Aufbegehren) der Körper: So ist die Arbeit von einem gestischen Potenzial durchwirkt, in dessen Zentrum oft spezifische Körperhaltungen oder Berührungen stehen, von der geballten Faust bis hin zu ineinander verschlungenen Händen. Monko generiert dadurch eine Semiotik des Körpers, mit der sich ihr explizit feministisches Interesse vermittelt.[4]

Die vierte Bindungsstelle, die Monkos Stoff rund um »Klassenzugehörigkeit, Nationalität und Gender«[5] zusammenhält, ist

De Beers Consolidated Mines, Ltd.

a diamond is forever

A DIAMOND IS FOREVER

N. W. AYER & SON

a diamond is forever

a Diamond is forever

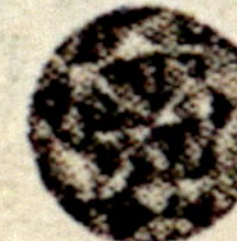

A diamond is forever.

schließlich die Reflexion und Verwendung der formalen Mittel: Es ist auffällig, dass die Künstlerin die Gebrauchsweisen ihres Mediums – zumeist die Fotografie, zuweilen den Film – sehr bewusst wählt. Sie macht sich die grundlegendsten fotografischen Techniken wie das Fotogramm genauso zu eigen wie sie neueste Technologien anwendet; sie greift Techniken der Werbefotografie auf oder appropriiert direkt, wenn sie mit gefundenem Material arbeitet. Zugleich erweitert sie den Gebrauch ihrer künstlerischen Mittel, etwa, wenn sie ins Installative geht oder in den Außenraum. All diese unterschiedlichen Spielarten der Realisierung sind Strategien, die gezielt eingesetzt werden und sich direkt mit den verhandelten Inhalten verknüpfen.

Women of the World,
Who Is Producing Your Stockings?[6]

Das Selbstporträt *I Don't Eat Flowers* (2009, S. 23–27) zeigt die Künstlerin als Arbeiterin. Anlass für seine Entstehung war die Einladung zu einer Ausstellung, die am 8. März, dem internationalen Frauentag, eröffnet wurde. Monko wollte sich zu diesem Datum positionieren und wählte eine kraftstrotzende und stolze Pose. Soll das Bild eine Erinnerung, wenn nicht eine Reverenz an die sozialistischen Bewegungen des frühen 20. Jahrhunderts darstellen und an das in diesem Rahmen von Frauen errungene Recht auf Arbeit? Oder geht es in ihm um eine Erinnerung an den Status der arbeitenden Frau im Kommunismus der UdSSR, einen Status, dessen Selbstverständlichkeit mit dem Zerfall der Sowjetunion und angesichts des zunehmenden neoliberalen Gewinnstrebens, das weder soziale Verantwortung (oder Vollbeschäftigung) kennt noch die Gleichbehandlung der Geschlechter, verlustig gegangen ist? Andererseits scheint das Klischeebild der sozialistischen Arbeiterin, das hier aufgerufen wird, überzogen und macht angesichts des Entstehungsjahrs dieser Arbeit, 2009, stutzig. In der weitergehenden Recherche können wir so feststellen, dass sich das Bild mitnichten auf die Ästhetik etwa des Sozialistischen Realismus bezieht, sondern auf einen Plakatentwurf des Amerikaners Howard Miller. Mit einem nahezu

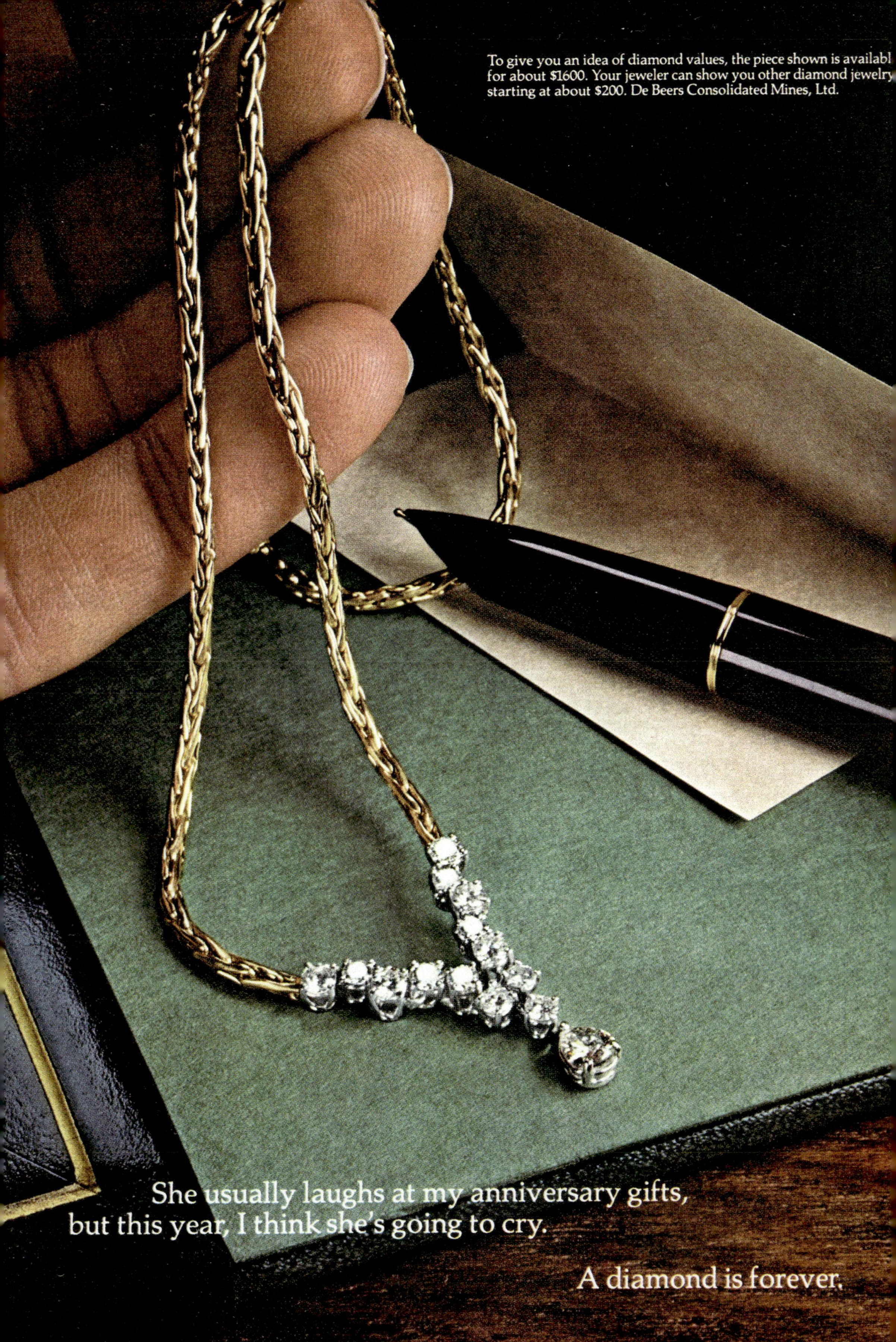
To give you an idea of diamond values, the piece shown is availabl
for about $1600. Your jeweler can show you other diamond jewelry
starting at about $200. De Beers Consolidated Mines, Ltd.

She usually laughs at my anniversary gifts,
but this year, I think she's going to cry.

A diamond is forever.

identischen Motiv warb er in den 1940er Jahren Frauen für die
Rüstungsindustrie an. Später, in den 1980er Jahren, wurde das
Motiv mitsamt dem ihm unterlegten Slogan »We Can Do It« von
der feministischen Bewegung aufgegriffen und fand in den ver-
schiedensten Kontexten und Verwertungszusammenhängen –
bis zur bedruckten Kaffeetasse im Billigshop – Verwendung.[7]
Die vielfältigen Verweisungszusammenhänge, die sich mit dem
Bild öffnen, wenn wir die Quellen kennen, zeigen, dass eine vor-
schnelle Zuschreibung Fallstricke bereit hält. Mehr noch: Jede
mögliche Lesart muss gewissermaßen stumpf bleiben, weil sie
sich jeweils nicht in die eine oder andere Richtung abschließen
lässt. Denn jedes Bild evoziert einem Vexierbild gleich immer
auch ein anderes Bild, das ihm konträr gegenübersteht – und
das doch beinahe identisch ist. Dies lässt schließlich die Frage
aufkommen, wo die Künstlerin selbst steht. Denn trotz seiner in
unterschiedliche Richtungen weisenden visuellen und historischen Bezüge bleibt das Bild ein Selbstporträt. Einen Hinweis
gibt Monko durch die Veränderung des Slogans, mit dem ihr der
Übergang vom »Wir« zum »Ich« gelingt: Im Originalentwurf
lautet dieser »We Can Do It«, in der Version Monkos *I Don't Eat
Flowers*. Er bezieht sich auf die Konvention, am Frauentag
Blumen zu verschenken. Offensichtlich will sich Monko angesichts dieses wichtigen Datums nicht mit Blumen abspeisen
lassen: Vielmehr verweist sie mit dieser Zurückweisung nicht
nur auf ihr Selbstbild als Feministin, sondern auch auf die
wirtschaftliche Schieflage, auf die Frauen bereits in den 1990ern
zugesteuert sind und in der sich viele von ihnen spätestens seit
der Wirtschaftskrise 2008 auch in Estland befinden. Gerade
deshalb muss es heute – nicht nur nach der »Krise«, sondern
auch in einem veränderten politischen System – um (neue)
Modelle der Gleichstellung von Männern und Frauen gehen.
Dass dieses Anliegen die Künstlerin ganz grundsätzlich bewegt,
zeigt eine weitere Arbeit, die 2013 unter dem Titel *8 Hours*
(S. 96–109) entstanden ist und Fotografien aus den Archiven der
Strumpffabrik Punane Koit zeigt. Die historischen Bilder von
Fabrikarbeiterinnen sind hier mit Aufrufen wie »We want
bread, and roses, too«, »Poverty is man made«, »Equal pay for

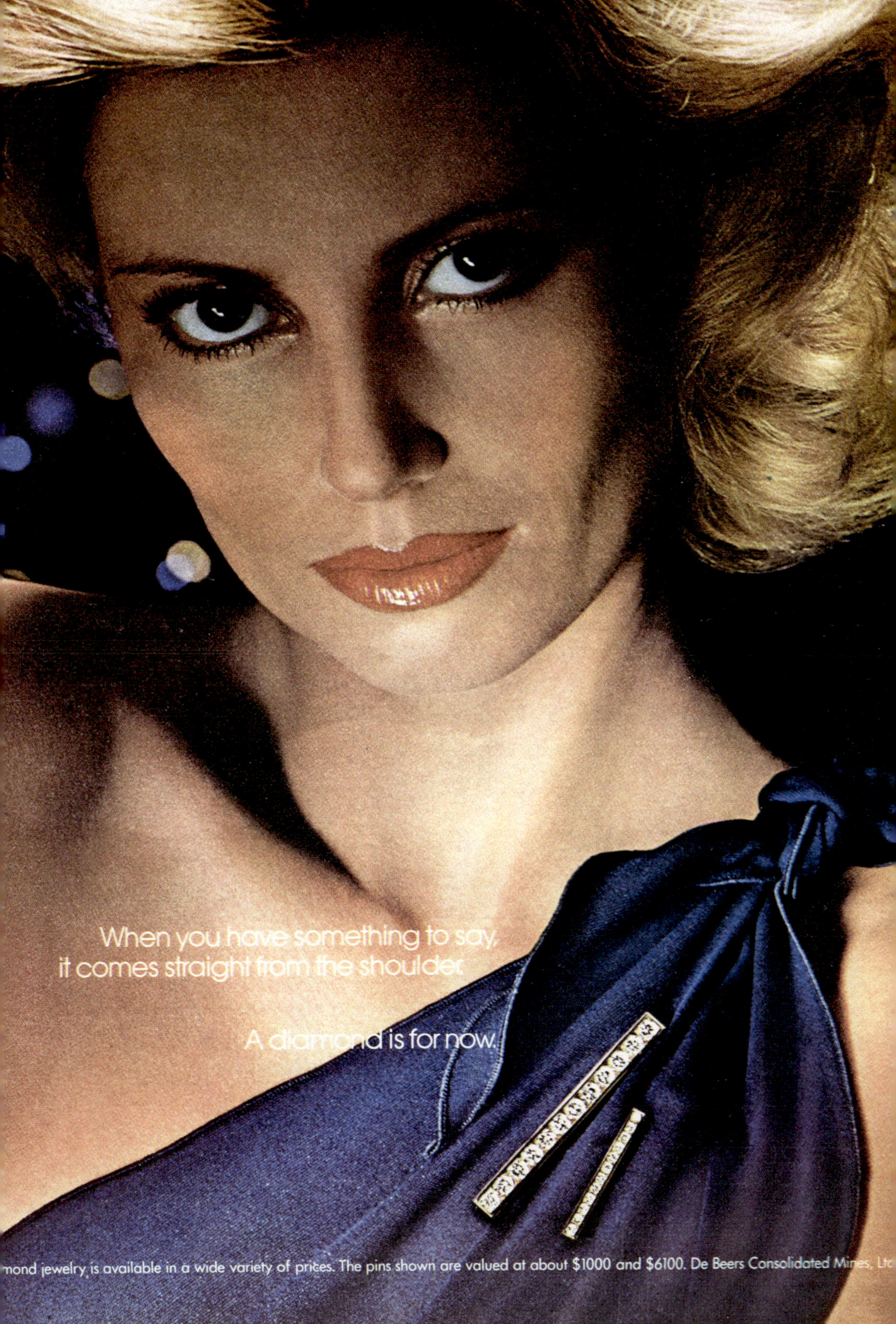
When you have something to say,
it comes straight from the shoulder.
A diamond is for now.
mond jewelry is available in a wide variety of prices. The pins shown are valued at about $1000 and $6100. De Beers Consolidated Mines, Ltd.

equal work«, »We are the 99%« etc. kombiniert, Aufrufen, die
in der Geschichte der Arbeiterbewegung sowie der Protestbewegungen bis in die jüngere Gegenwart (etwa Occupy) zu finden
sind. Durch die Kombination von Bild und Text – ein immer
wiederkehrendes Stilmittel ihrer Arbeit – werden erneut die
raum-zeitlichen Bezüge in der Schwebe gehalten und so unterschiedliche Zugänge zu den Bildern eröffnet. Diese Ambivalen-
zen der Wahrnehmung zuzulassen bzw. sie zu provozieren ist
entscheidend für das Verständnis der Arbeit. Denn einfache Aus-
legungen enttarnt Monko nicht nur als eindimensional, sondern
auch als unsere Projektionen auf ein spezifisches Frauenbild
und seine jeweils raum-zeitliche Verortung – beide identifiziert
sie aber als kontingent, in Bewegung. *Das* ist die (feministisch
intendierte) Botschaft, die der Arbeit ganz grundsätzlich unter-
legt ist: Monkos Werk ist eine beständige Erinnerung an die –
immer wieder aufs Neue – notwendig gewordene und werdende
Selbstermächtigung von Frauen in jeweils unterschiedlichen
politischen Systemzusammenhängen.

In diese Richtung zielt auch die neue Videoarbeit *Women of
the World, Raise Your Right Hand* (2018, S. 43–95). In dieser
Videoarbeit, die einer Fallstudie gleichkommt, wird die Erfolgs-
geschichte des Unternehmens De Beers erzählt, das mit aus-
geklügelten Werbestrategien und anderen Formen der Einfluss-
nahme (etwa im amerikanischen Filmbusiness) sein Marken-
zeichen – den Diamantring – zu einem derart begehrenswerten
Objekt stilisieren konnte, dass ihn zeitweise 75 Prozent der
amerikanischen Frauen als Zeichen eines Eheversprechens an
der Hand trugen. Mit der Veränderung des weiblichen Rollen-
verständnisses änderten sich auch die Kampagnen, zuletzt
inszenierte De Beers den Ring als Symbol für die erfolgreiche
und unabhängige Frau, die sich dieses Fashion-Item einfach
selbst kaufen kann. Die Kampagne verbreitete den Slogan
»Women of the world, raise your right hand«. Er leitet sich
offenkundig vom Ausruf »Proletarier aller Länder, vereinigt
Euch« aus dem Manifest der Kommunistischen Partei aus dem
Jahr 1848 ab. Man kann nun darüber spekulieren, ob Monko
durch das Aufgreifen des Slogans daran erinnern möchte, dass

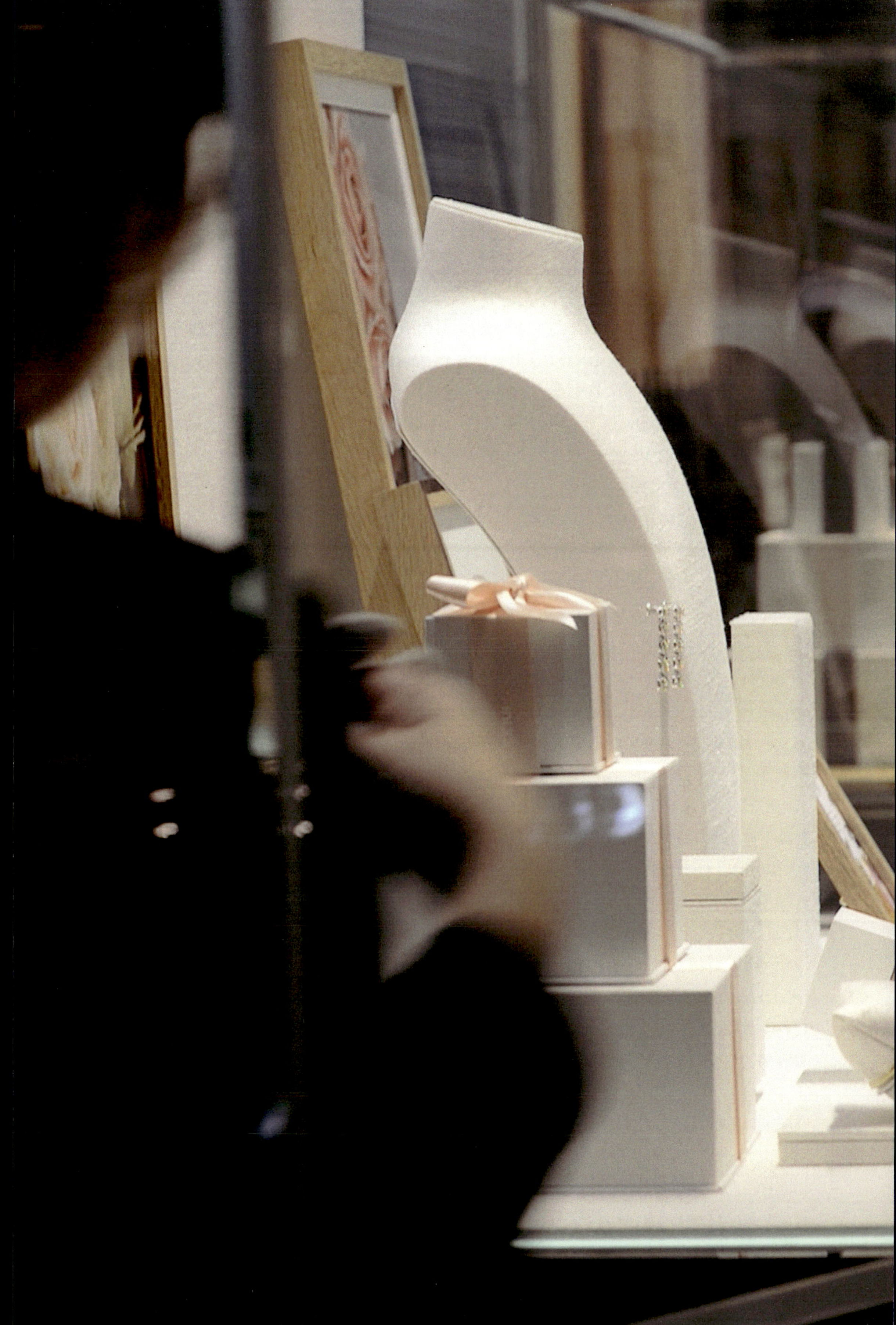

sich der Aufruf von Friedrich Engels und Karl Marx deutlich von »der modernen Bourgeoisie«, die sie mit der industriellen Entwicklung und dem Aufkommen des Weltmarktes (Amerikas) identifizierten, abzugrenzen versuchte. Oder ob Monko gewissermaßen in Form einer »negativen Affirmation« die Selbstermächtigung der Frauen im 21. Jahrhundert betonen will, die sich von Marx und Engels längst fortentwickelt hat, obwohl sie ihren Ursprung in linken Bewegungen hatte. Erneut ist es eine Qualität der Arbeit, mit genau dieser Offenheit der Interpretierbarkeit zu spielen, sich einer eindeutigen Antwort zu entziehen und im Gegenteil die Auslegung bewusst in der Schwebe zu halten. Dass Monko dieses Kippmoment wichtig ist, wird nicht zuletzt dadurch deutlich, dass in ihrem Video auf alle aufkommenden Fragen »Siri« die Antwort hat. Statt sich also in eine Sprecherinnenposition zu bringen und eindeutige Botschaften zu platzieren, lässt Monko ihre persönliche Assistentin antworten.[8] Das ist ein ziemlich kluger Schachzug der Künstlerin, da Siri einerseits zwar viel weiß – diese Software greift mittlerweile auf nahezu alle Webservices und das darüber verfügbare Wissen zurück –, andererseits natürlich die blinden Flecken der Geschichte nicht zu erkennen vermag. Wir müssen uns also noch viel tiefer selbst befragen – so verstehe ich den Subtext dieser Arbeit –, um die Komplexität oder die Doktrin unserer Selbst- und Fremdbilder zu entschlüsseln, und nicht zuletzt um zu erkennen, wie sehr sich Geschichte, wo auch immer diese unter welchen politischen Vorzeichen stattfindet, aufgegriffen und auch instrumentalisiert wird und sich in unseren Körpern bis in die kleinsten Gesten ablagert und festsetzt.

Wie tiefgreifend Geschichte in die Körper hineinwirkt und in ihnen wurzelt, zeigt die Arbeit *Diamonds and Stones* (2018, Cover, S. 3–17), die in enger Verbindung mit der Videoarbeit *Women of the World* steht und Motive aus dieser aufgreift und vertieft. Die Künstlerin wählt hier das Display einer Vitrine, das in seiner Ästhetik an ein Schaufenster mit ausgestellten Waren erinnert, im musealen Kontext aber zugleich als ein Instrument der Wissensvermittlung verstanden werden kann. Mit nur wenigen ausgestellten Objekten gelingt es der Künstlerin

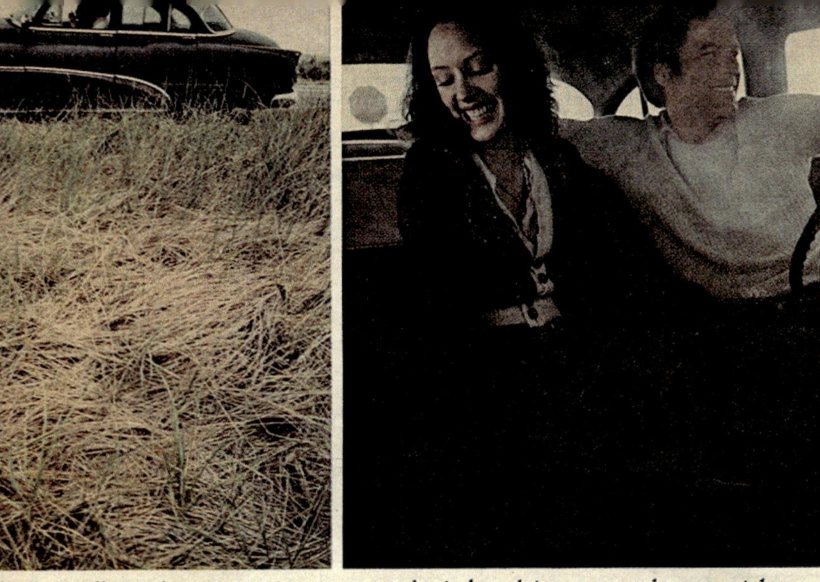
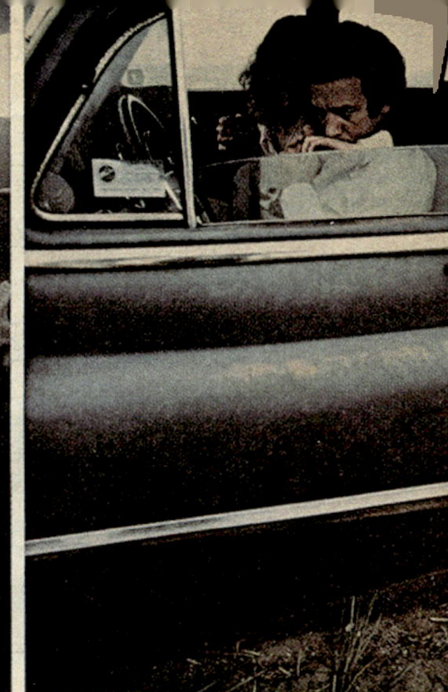

lone to talk, to dream, to scheme, we took aimless drives to no place special.

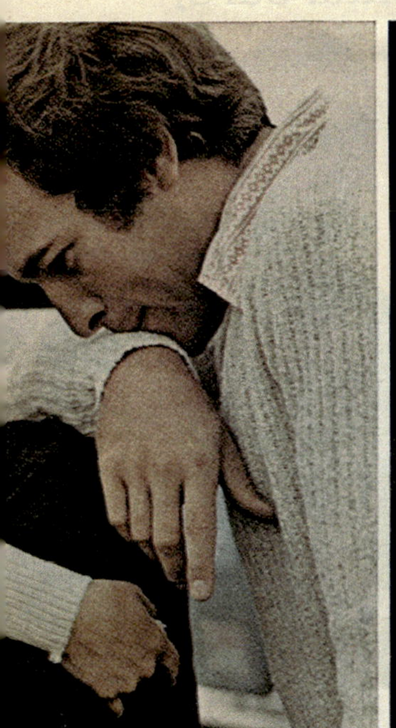
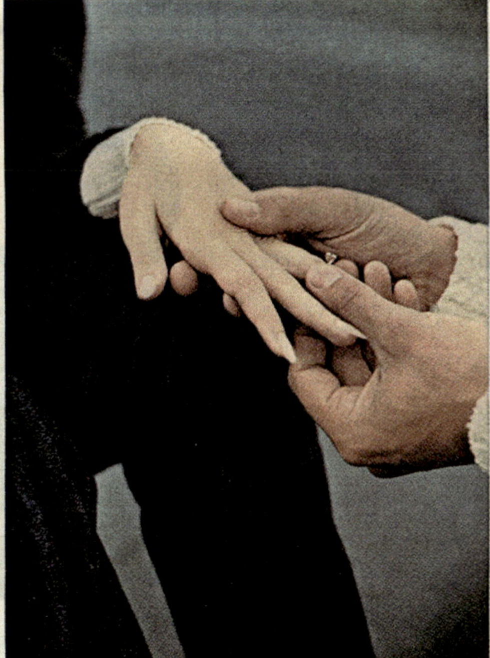
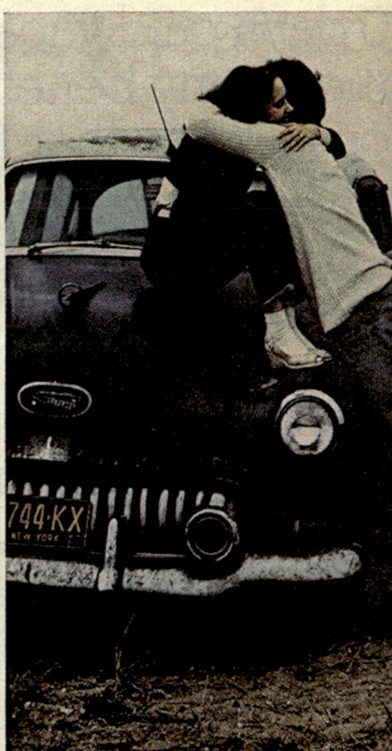

e said "isn't it time we stopped driving nowhere and started our lives going somewhere?" And I said yes.

A diamond is fore

hier (erneut), »eine kleine Geschichte weiblicher Errungenschaften« zu erzählen, wie diese Vitrine in einem Historischen
Museum betitelt sein könnte.[9] So finden sich in ihr etwa ein
Plakat für eine Antibabypille und ein (Handy-)Display mit einer
App, die den weiblichen Monatszyklus abbildet. Als Gegenbild
zum Diamanten, der als Objekt des Begehrens ebenfalls in
der Vitrine / dem Schaufenster Platz gefunden hat, legt Monko
aber auch schlichte Steine in ihre Installation und findet mit
dieser einfachen Geste erneut Metaphern für den Wettstreit um
kulturelle Werte: Glamour versus Authentizität, Kapital versus
Arbeit etc. Wie eng in der Sprache beides miteinander verbunden sein kann, wird deutlich, wenn die Künstlerin in diesem
Zusammenhang daran erinnert, dass beispielsweise der »Black
Friday« mitnichten das Shoppingevent ist, als das er heute (in
den USA) daherkommt, sondern vielmehr auf dem Londoner
Marsch auf das House of Parliament der Suffragetten in London
im November 1910 zurückgeht, mit dem sie für das Recht auf
Arbeit demonstrierten, eine Demonstration, die brutal niedergeschlagen wurde.[10]

Objekte des Begehrens und
begehrende Körper

Bei all ihren Arbeiten, auf deren Folien sich Teile der Geschichte
der von Frauen länder- und systemübergreifend errungenen (und
zuweilen wieder verlorenen) Rechte und Freiheiten wie Abdrücke einbrennen, bedenkt die Künstlerin gleichermaßen – und
genau das macht ihre Arbeit so interessant –, dass sich ihre Protagonistinnen, wenn nicht Heldinnen, immer auch in Schemata
des Begehrens einpassen, dass sie sich diesen nicht entziehen
können oder wollen. Monko spielt mit diesem Aspekt, wenn sie
selbst hohe ästhetische Maßstäbe setzt und begehrenswerte
Objekte auch genau so inszeniert. Zugleich besticht die Arbeit
durch ein gestisches Potenzial, das aber auch von der *Struktur*
des Begehrens erzählt (und sei es von dem Begehren nach
Arbeit). In *Untitled Photograms* (2014, S. 29–41) etwa wurden
Verpackungen von Seidenstümpfen direkt unter den Vergrößerer

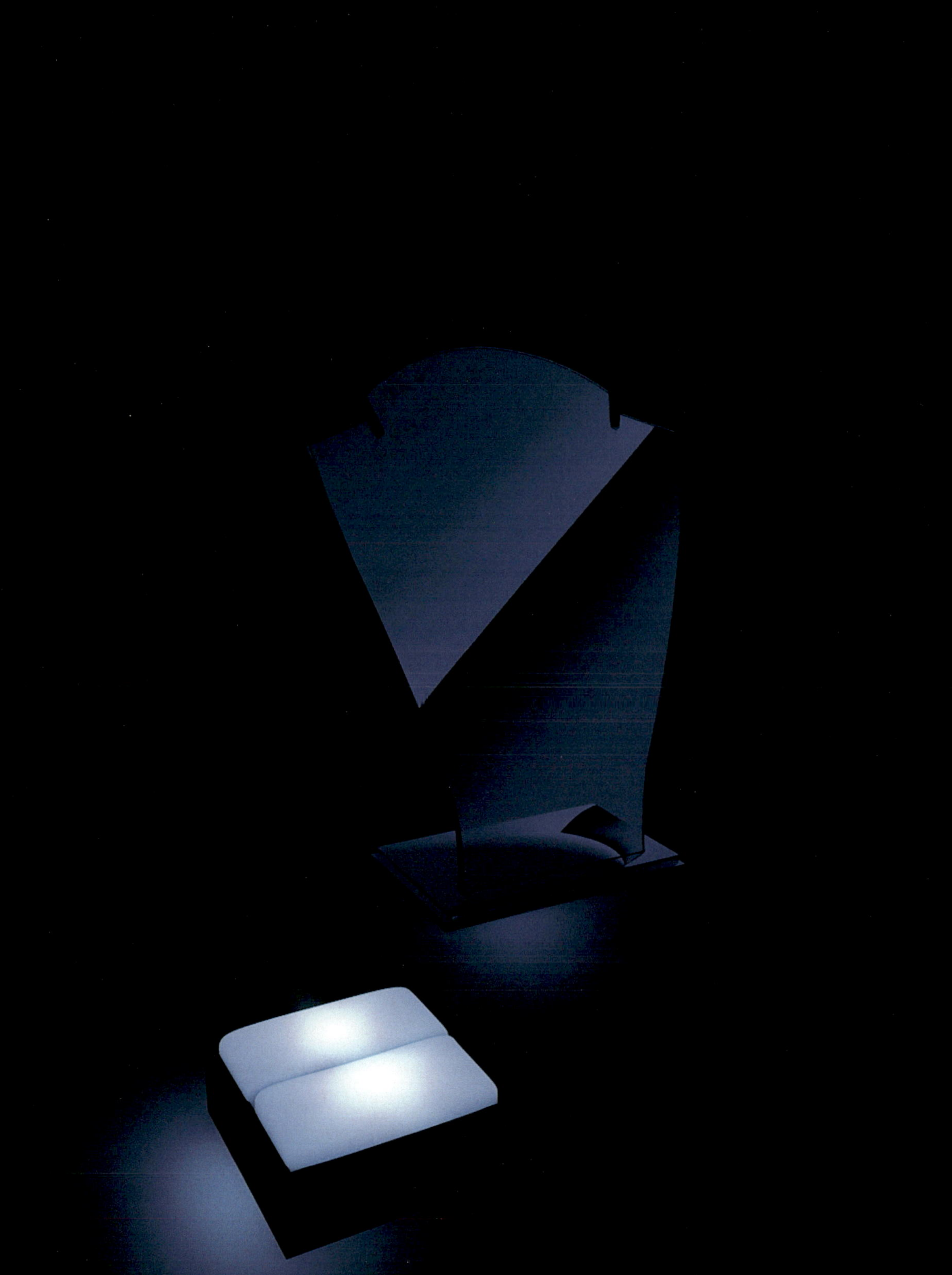

gehalten und belichtet. So sind Fotogramme mit großer grafisch-schematischer Wirkung entstanden, die sich aber zugleich immer auch als begehrenswerte Objekte aufdrängen, die näher identifiziert sein wollen: Man möchte wissen, welcher Stoff in der Verpackung zu finden ist, welche Farbe er hat, wie er sich anfühlt und welche DEN-Zahl, also welchen Grad an Transparenz, er aufweist. Wieder arbeitet die Künstlerin mit Vexierbildern: Die grafisch-opake Oberfläche des Fotogramms steht im Kontrast zur wohl zu erwartenden Transparenz des fotografierten Inhalts, den die Künstlerin uns bildlich entzieht. Vor unserem Auge aber entfalten sich beide Bilder – und mehr noch: Auch das Klischeebild des ganz und gar nicht transparenten Strumpfes wie er in Osteuropa produziert wurde, steigt vor unserem inneren Auge auf. Diese sowohl ästhetische als auch politische Vielschichtigkeit mit konzeptionell einfachen Strategien hervorzurufen ist die große Qualität der Arbeit.

Schon in *8 Hours* ist der Strumpf Objekt der Auseinandersetzung, hier kreist Monko um den Ort seiner Entstehung, die Fabrik Punane Koit, und macht Arbeitsbedingungen von Frauen in der Produktion zum Thema. *Untitled Photograms* nimmt sich des konkreten Produkts an, das diese Fabrik (oder eine andere) herstellt. Hier hält die Künstlerin den Strumpf in der Spannung von Mode, Politik und Erotik, indem sie sich entscheidet, ihn gerade nicht offen zu zeigen, sondern eine Form der Präsentation wählt, in der wir ihn imaginieren müssen. Dass das Motiv des Stumpfes als begehrenswertes (und unter Umständen nicht immer verfügbares) Objekt, aber auch als Objekt, das Begehren stiftet und eng mit Weiblichkeit und Körperlichkeit verknüpft ist, die Künstlerin bis heute nicht loslässt, zeigt sich nicht zuletzt daran, dass sie es schließlich für eine Außeninstallation weiterentwickelt hat (*Flawless, Seamless*, 2017). Hier steht der Stoff des Strumpfes im Zentrum des Bildes: Auf transparenten Bannern sehen wir Hände durch ihn gleiten, wie es Verkäuferinnen tun, um auf diese Weise den Körper, der sich den Strumpf überzieht, zu simulieren und um zugleich die Transparenz und Qualität der Ware zu bezeugen. *Flawless, Seamless* hält also ein Versprechen bereit, ein kaum greifbares

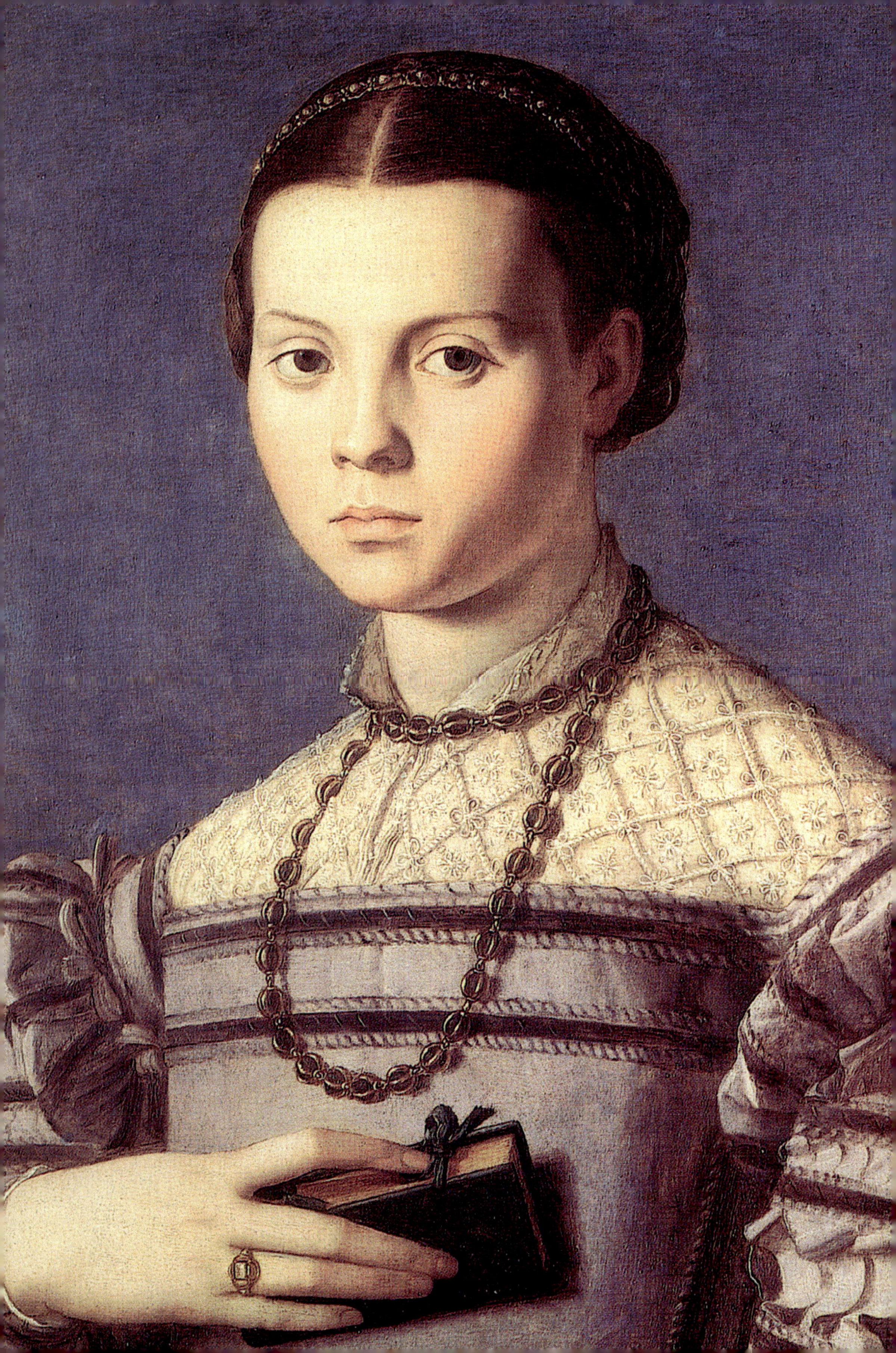

Versprechen aus hauchdünner Seide (oder Nylon), das universell
und für (fast) alle sofort verständlich ist, ein Versprechen, über
das zugleich jede Frau in der Sowjetära eine Geschichte erzählen
konnte.[11] Dass die Strategien der Werbung und die sich in
ihnen vermittelnden (falschen?) Versprechungen für die Künstlerin weiterhin thematisch vielversprechend sind, zeigt, dass
sie auch in Essen mit ihren Botschaften in den Außenraum
geht, für den sie die Installation *Die Frau von Heute* entwickelt
hat. Hier ist es ein anderes feinstoffliches Produkt, das zum
Motiv ihrer Arbeit wird und nahtlosen Glanz verspricht: Puder,
mit dem wir unsere (Gesichts-) Konturen verfeinern und Spuren
gelebten Lebens verwischen. Monko hat das Bild im Giradet-
Archiv des Museum Folkwang Essen gefunden und die Beschrif-
tung auf der Rückseite zum Titel der Arbeit erhoben: *Die Frau
von Heute* dürfte dabei auf die gleichnamige Zeitschrift der
DDR verweisen.

Strumpf und Puder sind Motive, die voller Verheißungen,
aber auch voll des Blendwerks sind: Denn anders als die Werbung suggeriert, blicken »wir Frauen« – um im Bild des Puders
zu bleiben – nach dem Abschminken in unser wahres Gesicht,
genauso wie wir aus Erfahrung wissen, dass der transparente
gespannte Stoff, aus dem in *Flawless, Seamless* unsere Träume
sind, nur allzu schnell Risse bekommt und – teuer bezahlt –
unbrauchbar wird.

Wikipedia beschreibt im Eintrag »Laufmasche« den Bruch
eines Fadens in einem Maschengewebe als »Zusammenhalts-
verlust«. Noch – so müssen wir fast dreißig Jahre nach dem Fall
des Eisernen Vorhangs konstatieren – ist die Gesellschaft nicht
zerrissen. Die Frage ist nur: Wie lange noch? Die europäische
Nachkriegsordnung von 1945 ist brüchig geworden, und der
europäische Einigungsprozess, der mit dem Fall des Eisernen
Vorhangs 1989 möglich wurde, steht heute angesichts der anti-
europäischen Hegemoniebestrebungen eminent in Frage.
Vielleicht müssen wir weiterhin Bilder, wie Margo Monko sie
uns vorlegt, betrachten und immer wieder »abgleichen«: mit
unseren zuweilen vorschnellen Vorstellungen und den Blick ver-
engenden Zuschreibungen, mit unserem berechtigten Begehren

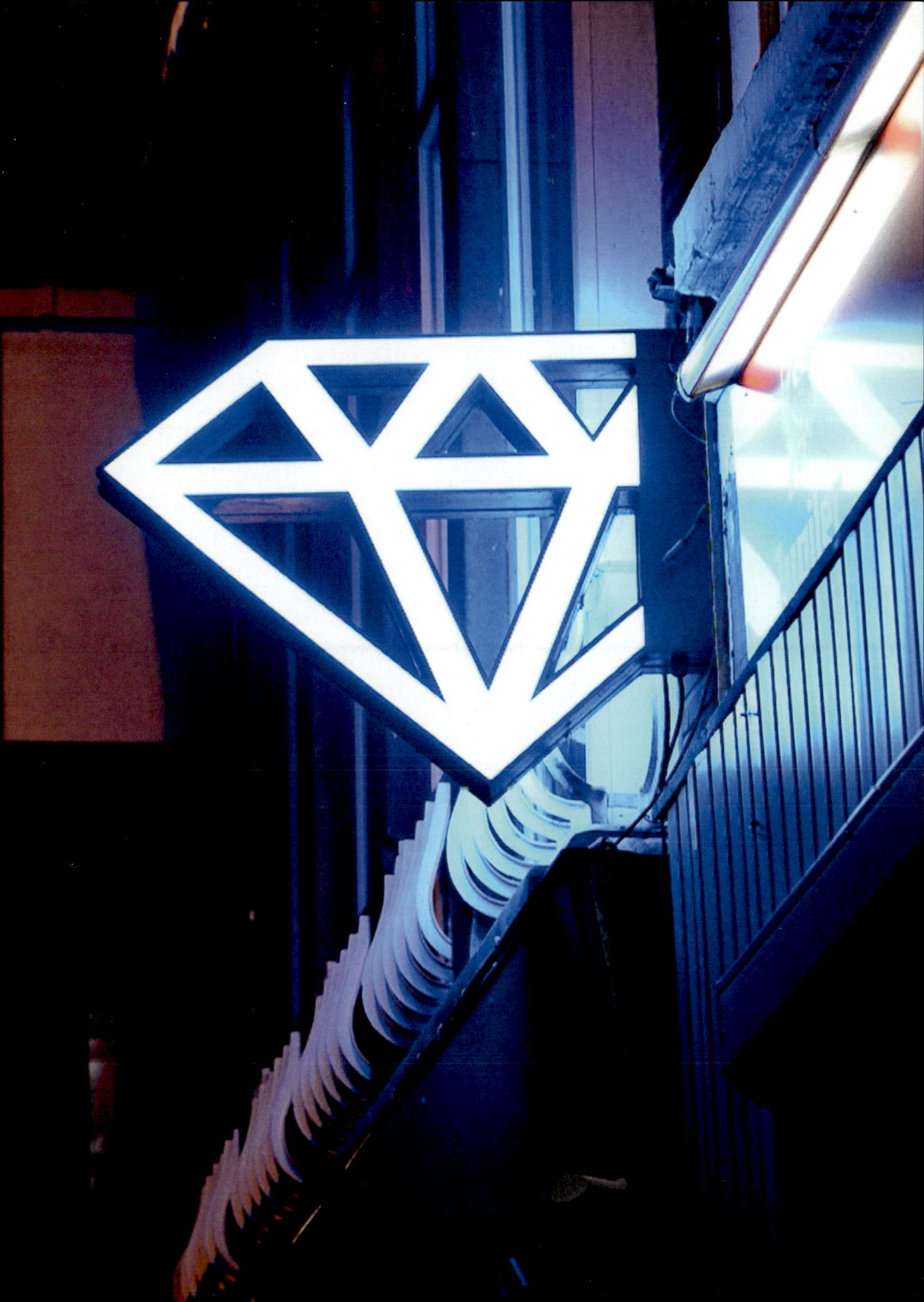

– und den Blendwerken, die ihm Richtung geben, und die wir
kennen sollten. Erst dann können wir die Komplexität der
Geschichte und Gegenwart, deren sich Marge Monko in ihrem
Werk annimmt, verstehen lernen, egal, wo diese stattfindet –
und alte Strümpfe abstreifen. Mit ihren Vexierbildern zeigt sie
uns, dass es sich lohnt, den Standpunkt immer wieder zu wech-
seln, verschiedene Perspektiven auf ein Bild zuzulassen und so
unsere Vorstellungen von uns selbst und anderen zu hinterfragen.

1. Giorgio Agamben, *Homo sacer. Die souveräne Macht und
    das nackte Leben*, Frankfurt am Main 2002, S. 49.
2. Boris Buden, *Zone des Übergangs. Vom Ende des Postkom-
    munismus*, Frankfurt am Main 2009, S. 36.
3. Marge Monko selbst sendet dabei wichtige Signale hinsicht-
    lich einer notwendig gewordenen Revision dieser Zeit.
    Denn dass der Prozess der »Transformation« von nur unzu-
    reichenden Selbst- und Fremdbildern durchzogen war und
    ist, wird augenscheinlich, wenn wir uns die gegenwärtigen
    antieuropäischen Hegemoniebestrebungen anschauen.
4. An dieser Stelle bietet es sich an, Werke von Künstlerkolle-
    ginnen mit in die Debatte zu holen, etwa die Arbeit *Double
    Life* (1974) von Sanja Iveković, Ketty La Roccas *Alphabet
    of Hands* (1974), Josephine Prydes Serie *For Myself* (2016)
    oder Anne Colliers Umgang mit Werbeästhetiken.
5. Rael Artel, »Wie trägt man Rot?«, in: Marge Monko, *How To
    Wear Red*, Katalog, Museum moderner Kunst Stiftung
    Ludwig Wien, Köln 2013, S. 31.
6. Der Titel ist die Kombination / Abwandlung von *Women of
    the World, Raise Your Right Hand*, einer Arbeit von Marge
    Monko, und dem Titel eines Textes von Bojana Pejić, »Prole-
    tarians of All Countries, Who Washes Your Socks? Equality,
    Dominance and Difference in Eastern European Art«, der
    die von ihr kuratierte Ausstellung *Gender Check. Femini-
    nity and Masculinity in the Art of Eastern Europe*, Museum
    moderner Kunst Stiftung Ludwig, 2009, begleitete.
7. So hat auch die Künstlerin Barbara Kruger das Motiv und
    den Slogan immer wieder in ihrer Arbeit aufgegriffen.

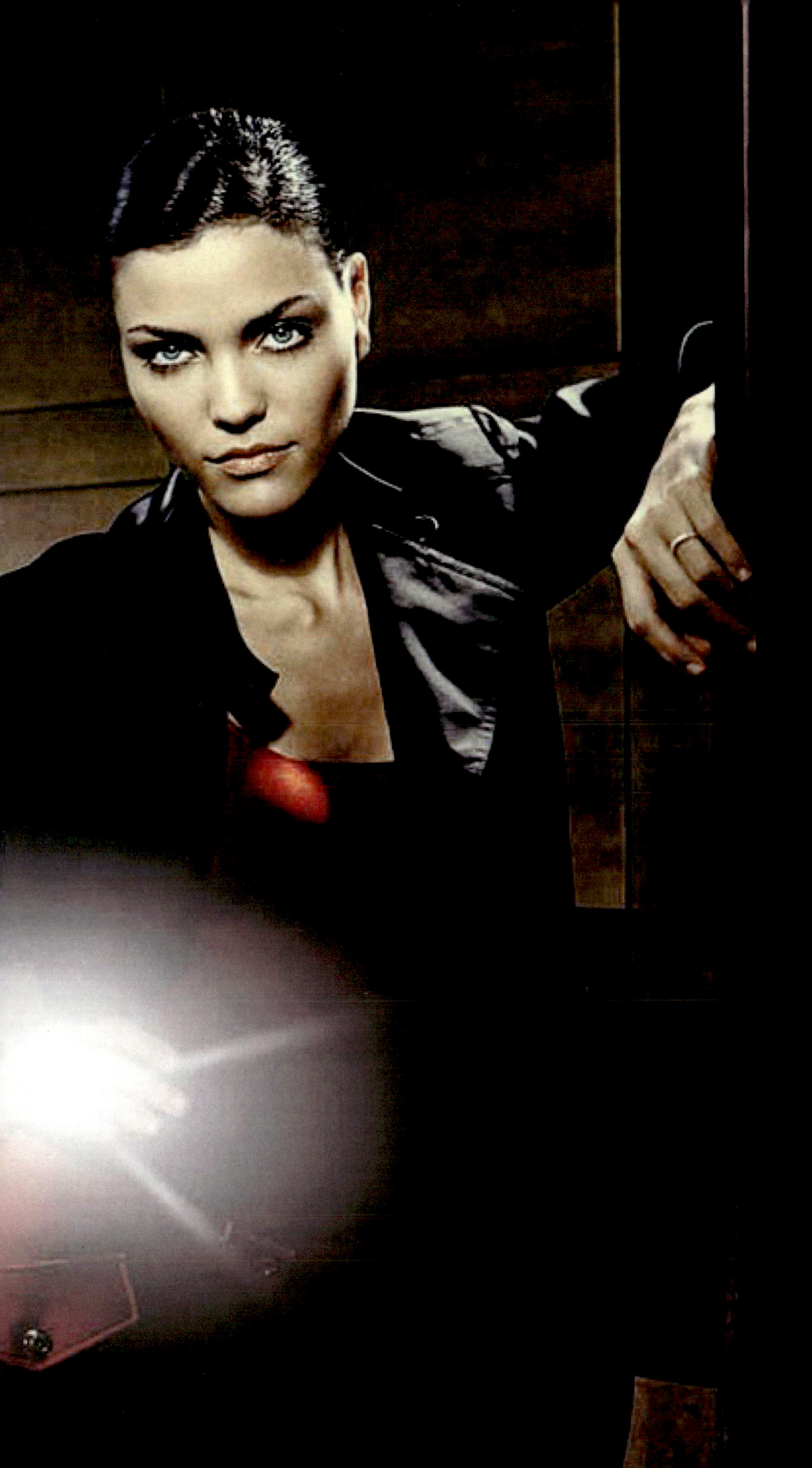

YOU
COM
A D
YOU
YOU
THE
WA
HAN
WO
YOU
THE NEW DIAMOND

8. Natürlich mit einem selbst verfassten Text.

9. Interessant wäre hier ein Vergleich zu den Fotoarbeiten von Annette Kelm, die Vitrinen aus verschiedenen historischen Museen zeigen, in denen die Geschichte der Frauenbewegung verhandelt wurde (2013).

10. Aus einer E-Mail der Künstlerin vom 7. Januar 2019: »… they [diamonds and stones] are also metaphors referring to contest of cultural values, i. e. glamour vs. authenticity, capital vs. labour. There's another link between stones and diamonds – during the protests, there are often shop windows that are being smashed with stones (also thinking of suffragist's Black Friday).«

11. »In lokalen Kontexten kann jede Frau, die während der Sowjetzeit in Estland gelebt hat, mindestens eine Geschichte über Stümpfe erzählen und wie man sie ergattert hat«, aus: Artel, »Wie trägt man Rot?«, in: Marge Monko, *How To Wear Red*, S. 43.

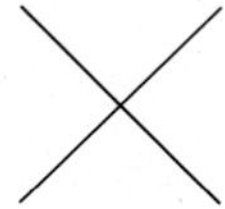

POLITICS, DESIRE AND AESTHETICS IN THE WORK OF MARGE MONKO
Maren Lübbke-Tidow

Interlacing Points

Imagine that you are looking through a magnifying glass at a nylon stocking pulled over a part of the body. What you see is a fine mesh, more or less transparent. If you go even closer and try to zoom in on a single mesh of the stocking, you will see a fine loop of thread surrounded by four "interlacing points" that hold it in place. It is only through the interaction of these four interlacing points that a seamless, smooth weave is created.

The work of artist Marge Monko, who was born in Tallinn,

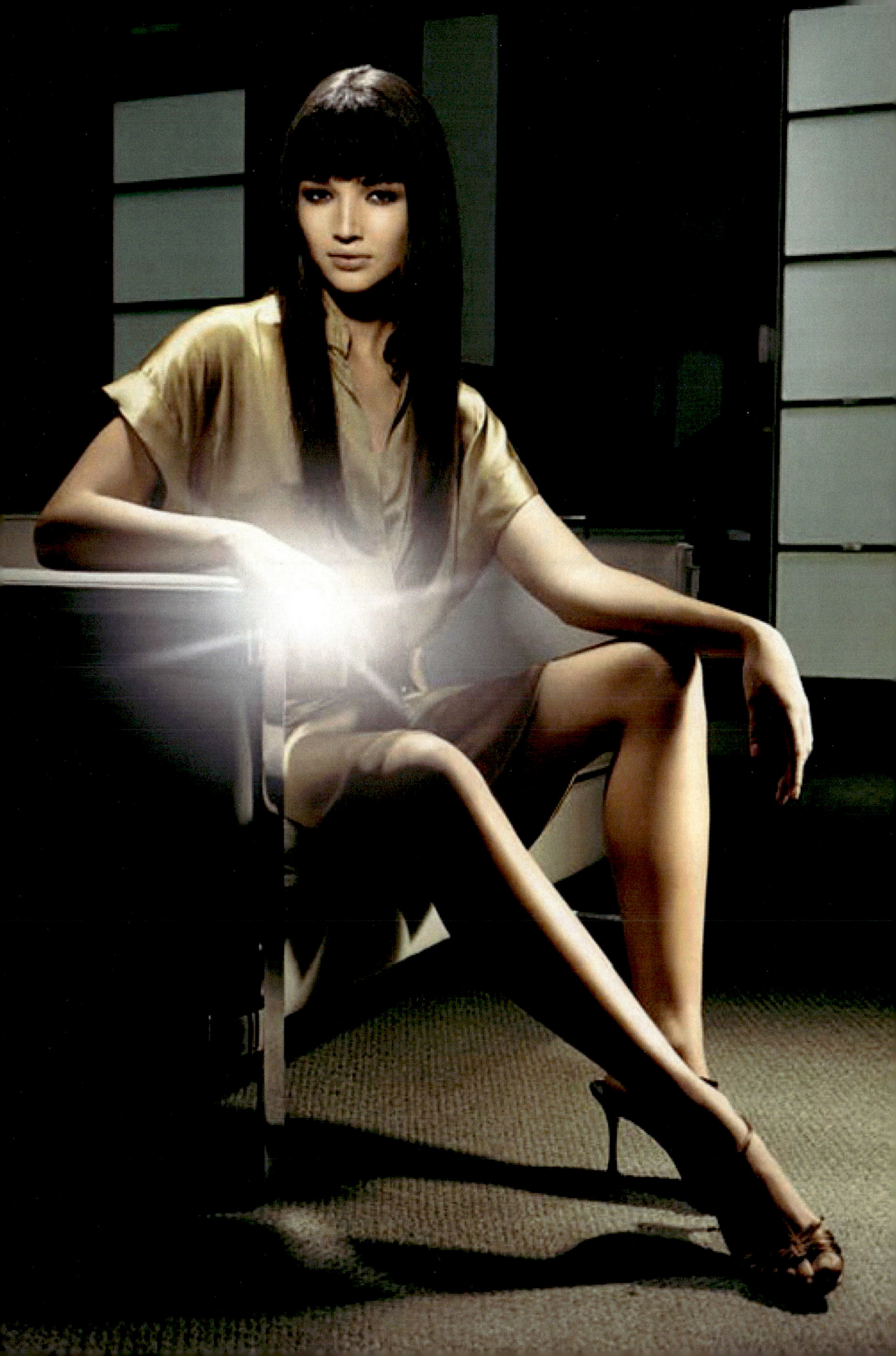

Estonia, in 1976, operates in a very similar way: all the aspects of her work are closely interwoven. And like the stocking—a recurring motif in her oeuvre—the work is also made to a high aesthetic standard. At the same time—once again like the stocking—it represents both desire and politics. But what loops does the artist tie, and how can we give a more precise description of the interlacing points that create the fabric from which Monko's large-scale work is made?

The first interlacing point is formed from Monko's personal experiences, which lead into the past and present of her native Estonia. The work's primary starting point is the period when the country achieved independence from the (crumbling) USSR in 1991—a time, that is, in which the countries of the former Eastern Bloc found themselves in "a permanent structure of juridico-political de-localization and dis-location."[1] Viewed through the prism of political science, this period is seen "above all as a transitional phase or a process of transformation in which a capitalist democratic society is forged from its real socialist predecessor. Political science thus finds no cause to regard this transition as a specific historical epoch … . Instead, it prefers … the concept of a 'transition to democracy.' … In essence this is based on the cynical idea that people who have fought for their freedom themselves must first learn to really enjoy it."[2] Monko's work tells of the "enjoyment"—to stay with the language of the quote—that the freedom that has been gained brings to people as well as the price that must be paid for it.[3]

The second interlacing point relates to the concrete themes that define the work. One theme that is repeatedly addressed, for example, is the ambiguity of our images of self and other and the projections and ascriptions we transfer onto the other. This ambiguity has much to do with the experiences of turmoil wrought by the change of system, which the artist recounts by tracing the history of the labor and protest movements right up to the present, along with an analysis of the changes in working conditions and models, the achievements of women in the workplace and the freedoms they have gained and forfeited,

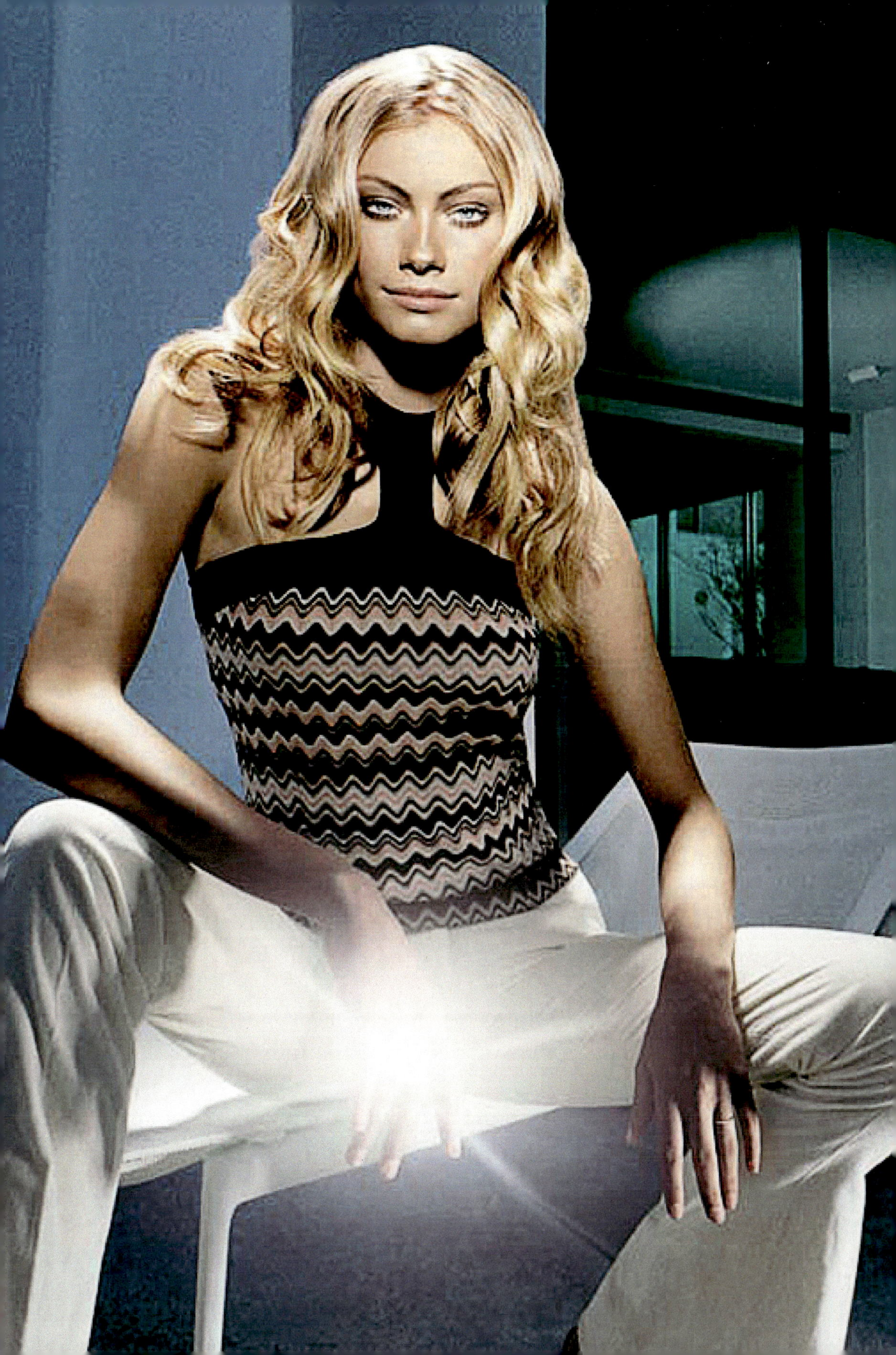

and so on. Her work also focuses on industry, inasmuch as industrial architecture and industrial locations are repeatedly explored and the mechanisms of the advertising industry and its campaigns are examined in a critical light.

Monko's work can be viewed as a mirror that captures different perspectives and reflects them back at the individual, who is not left unaffected. This aspect is closely connected to the third interlacing point, desire. On the one hand, it involves a desire that the artist invokes by presenting desirable objects in a highly aestheticized way. On the other, it is also about physical desire (and rebellion): the work is thus interwoven with a gestural potential, with the focus in many cases on specific body postures or moments of physical contact, from the balled fist to intertwined hands. In this way, Monko generates a semiotics of the body, which conveys her explicitly feminist interest.[4]

The fourth interlacing point, which coalesces Monko's material around the themes of "class, nationality, and gender,"[5] is ultimately the reflection and use of formal means: it is striking that the artist consciously chooses the way in which she uses her medium—mostly photography, sometimes film. She adopts the most basic photographic techniques like the photogram, while also using the latest technology; she adopts methods used in advertising photography or makes direct appropriations in her work using found material. At the same time, she extends the use of her artistic medium, for example, when she stages her work outdoors or as an installation. All these different modes of realizing her ideas are strategies that are applied with a specific focus and that connect directly to the content she is working on.

Women of the World,
Who Is Producing Your Stockings?[6]

The self-portrait *I Don't Eat Flowers* (2009, pp. 23–27) shows the artist as a worker. It was prompted by an invitation to take part in an exhibition that opened on March 8, International Women's Day. Monko wanted to position herself in relation to this date and selected a proud, vigorous pose. Is the image

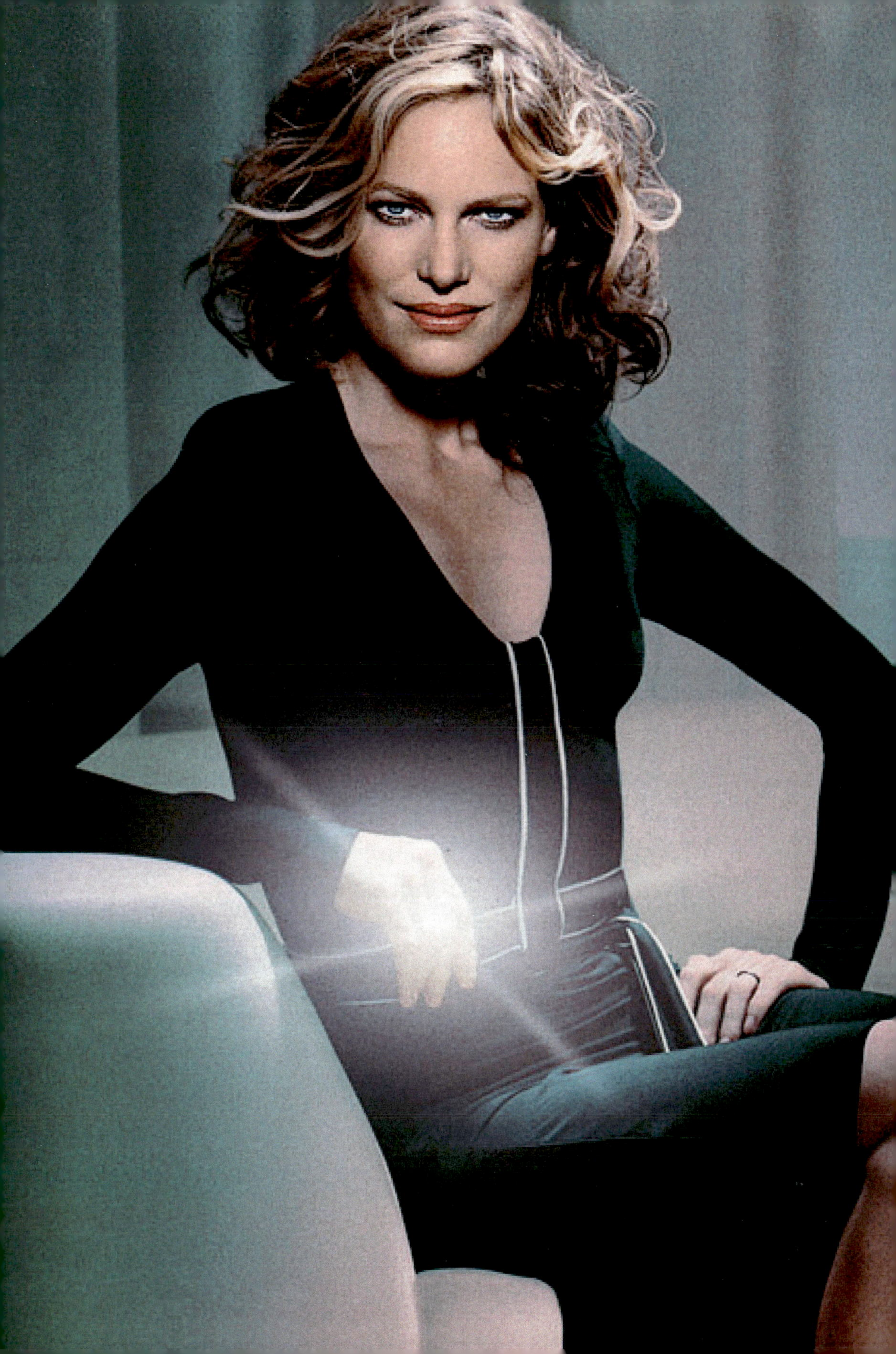

meant to express a memory of, if not a reverence for, the socialist movements of the early twentieth century and the right to
work achieved by women in this context? Or does it imply a
memory of the status of the working woman in the USSR under
communism, a self-evident fact of life in the Soviet system that
was lost, along with the standing it conveyed, when the system
disintegrated and it was exposed to the increasing neoliberal
pursuit of profit, which does not recognize social responsibility
(or full employment) and pays no heed to gender equality?
On the other hand, the clichéd image of the socialist working
woman that is evoked here seems overblown and perplexing,
given that the work was produced in 2009. More thorough
research indicates that the image has absolutely nothing to do
with the aesthetics of, say, socialist realism, but rather refers to
a poster design by American artist J. Howard Miller. He used an
almost identical motif in the 1940s to recruit women for the
armaments industry. Later, in the 1980s, the motif and the slogan
underpinning it, "We Can Do It," were picked up by the feminist movement and were used in a wide range of contexts and
commercial settings—right down to printed coffee mugs in
discount stores.[7] The diverse referential contexts that the image
opens up, if we know the sources, indicate that there are pitfalls
attendant on any premature ascription. Moreover, every possible reading must remain obtuse, as it were, because it can never
conclusively point in any one direction. The reason for this is
that each image—like an image that contains an optical illu-
sion—invariably evokes another image that contradicts it, yet
is nonetheless almost identical to it. Ultimately, this raises the
question of where the artist herself stands. For despite its visual
and historical references pointing in different directions, the
picture remains a self-portrait. Monko provides a clue by changing the slogan, effectively transitioning from "We" to "I": the
original design reads "We Can Do It," while in Monko's version
this shifts to "I Don't Eat Flowers." This refers to the conven-
tion of giving flowers on Women's Day. Evidently, Monko doesn't
want to be fobbed off and "fed" with flowers, given the importance of this date. Instead, her repudiation refers not only to her

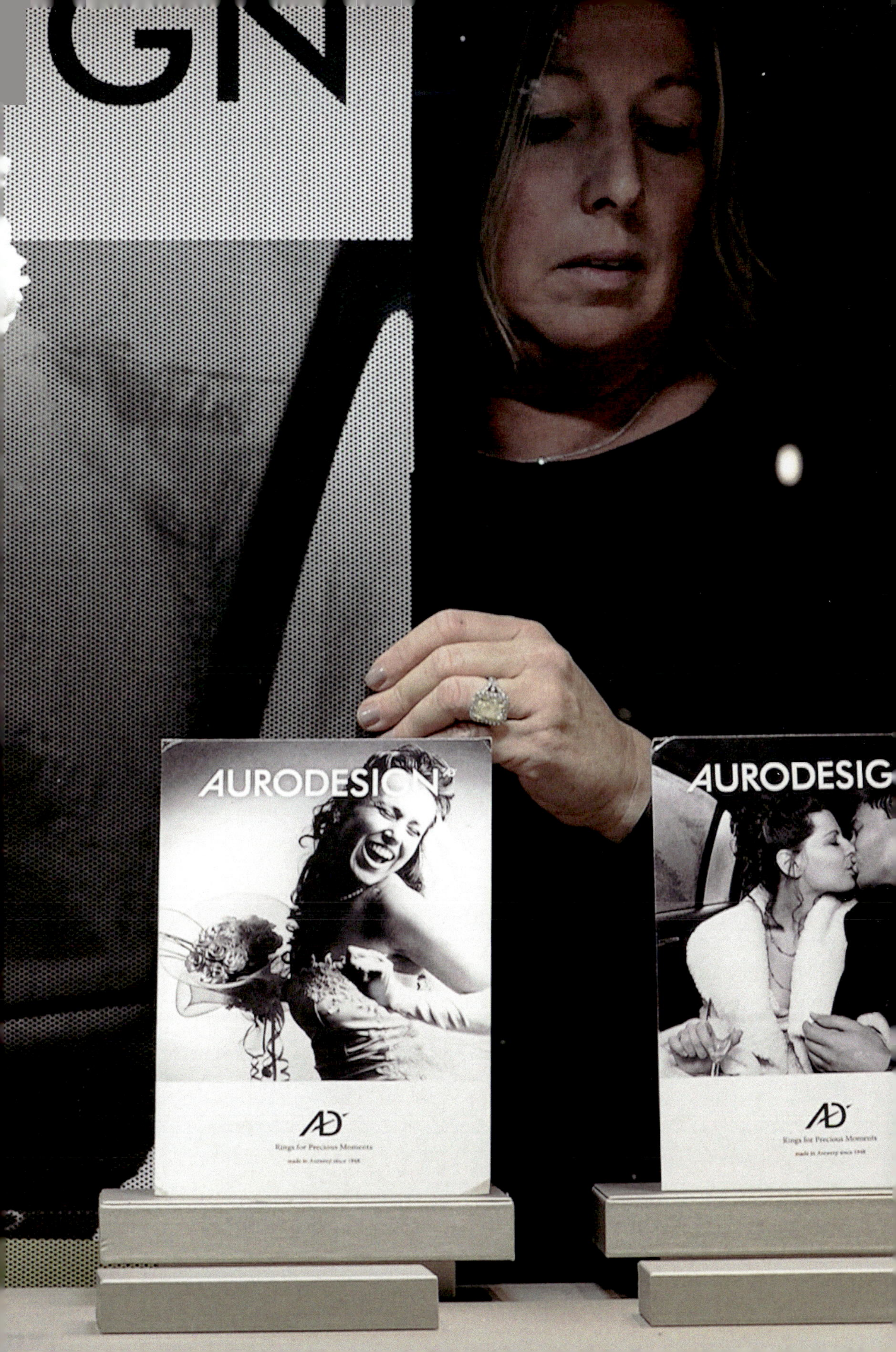
GN
AURODESIGN
AD
Rings for Precious Moments
made in Antwerp since 1948
AURODESIG
AD
Rings for Precious Moments
made in Antwerp since 1948

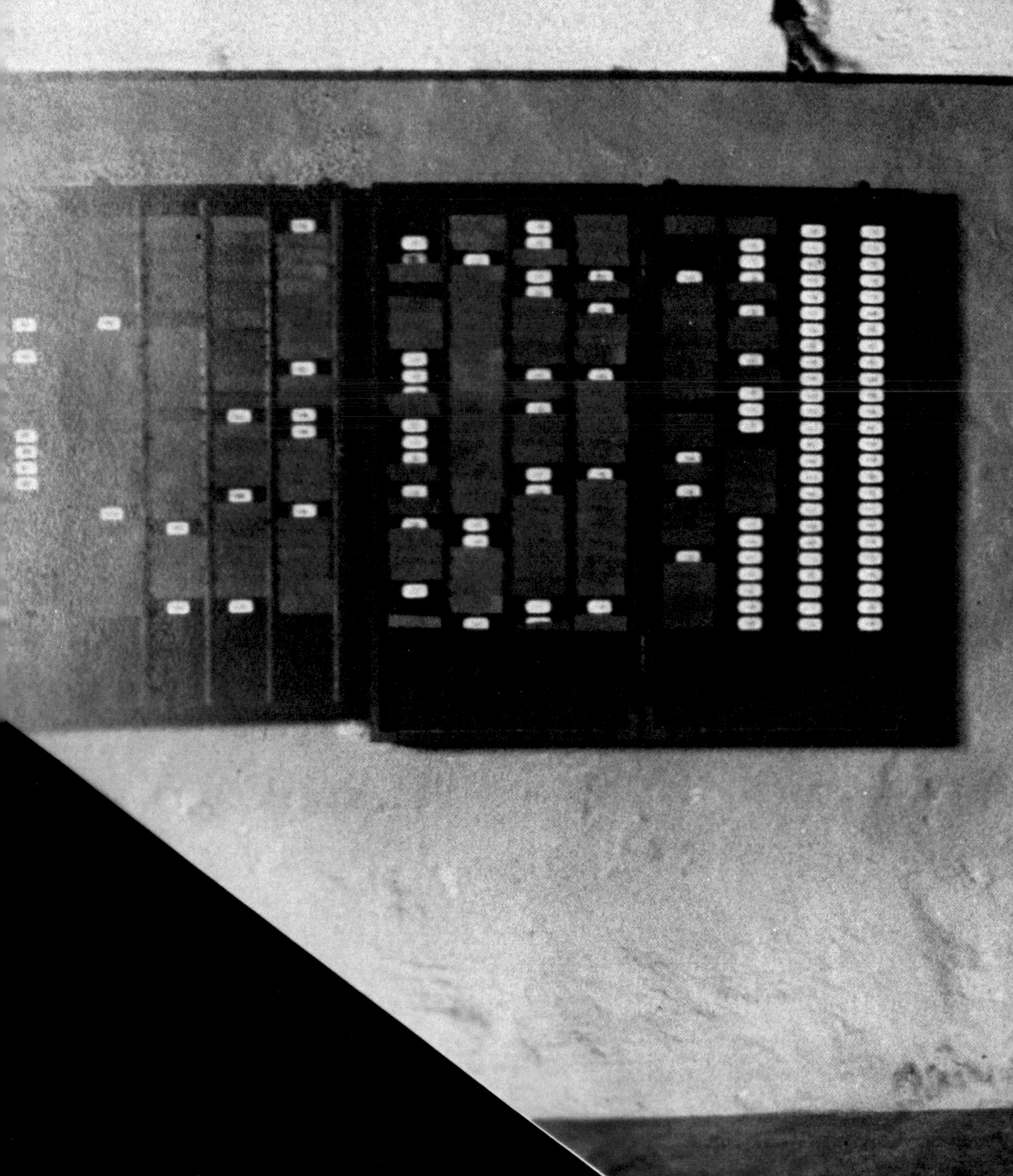

8 HOURS LABOUR
8 HOURS RECREATION
8 HOURS REST

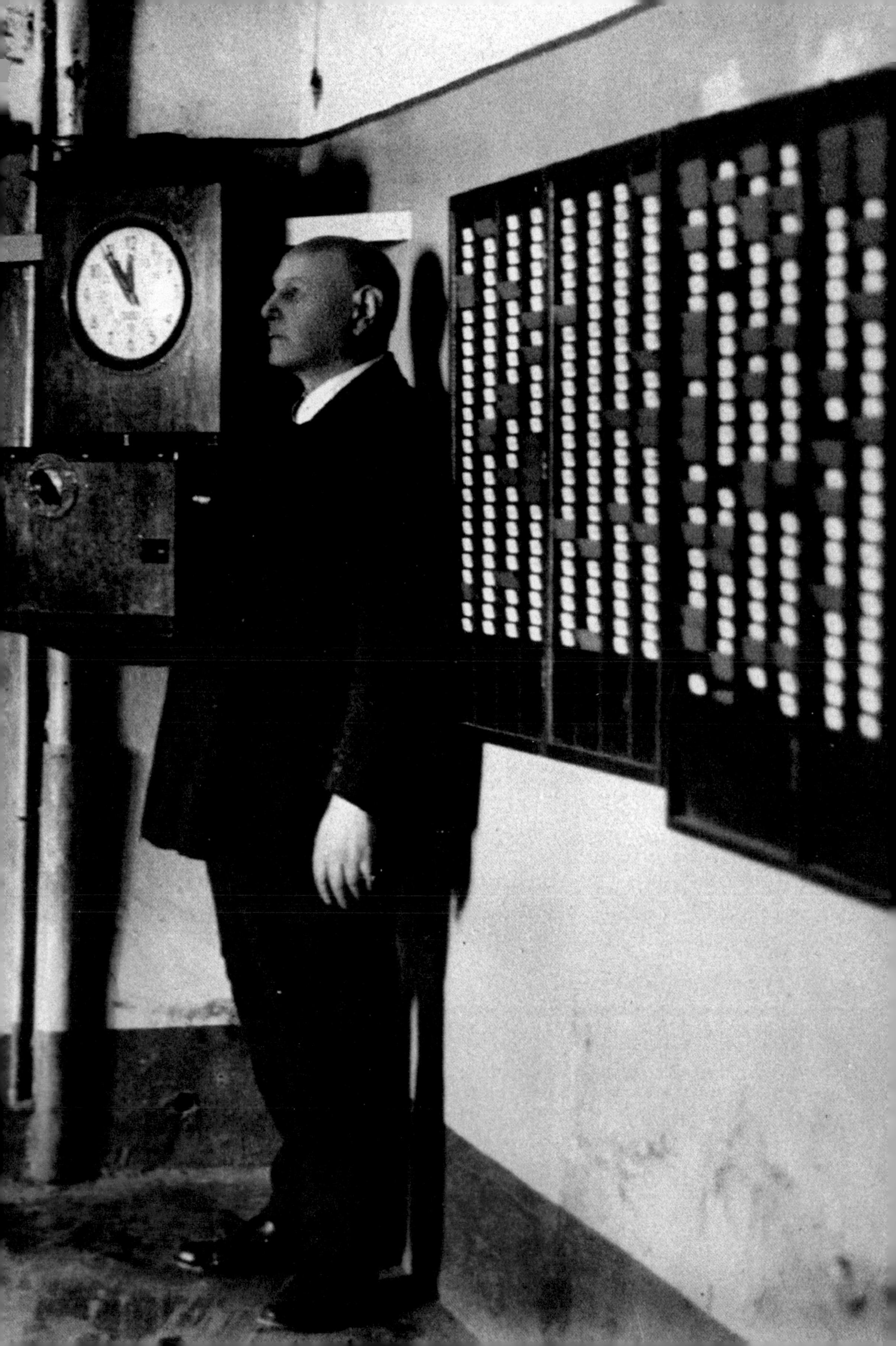

self-image as a feminist but also to the economic difficulties
that women began to encounter in the 1990s and which many of
them have found themselves in since the 2008 economic crisis
at the latest, in Estonia as well. It is for this reason that nowadays—not just since the "crisis," but also in a changed political
system—(new) models of equality between men and women
must be a priority. The artist is motivated by this concern at a
fundamental level, as is borne out by another work created in
2013 with the title *8 Hours* (pp. 96–109), which shows photographs from the archives of the stocking factory Punane Koit.
The historical images of female factory workers are combined
here with such slogans as "We want bread, and roses, too,"
"Poverty is man-made," "Equal pay for equal work," "We are
the 99%," etc.—messages that can be found in the history of
organized labor and protest movements right up to the present
(witness, for example, Occupy). By combining image and text—
a recurrent stylistic device in her work—the spatiotemporal
references are again kept in suspension, thus opening up different ways of accessing the pictures. Allowing or provoking these
ambiguities of perception is crucial to an understanding of her
work. Monko exposes simple interpretations not only as one-
dimensional but also as our projections onto a specific image of
women and its particular location in space and time—though
she identifies both as contingent, in flux. *This* is the message
(with a feminist intention) that underpins the work at its core:
Monko's oeuvre is a constant reminder of the self-empowerment
of women that has been necessary—over and over again—in
the contexts of very different political systems.

This is also the direction taken by the new video work
Women of the World, Raise Your Right Hand (2018, pp. 43–95).
Analogous to a case study, it recounts the success of the De Beers
company, which was able to apply sophisticated advertising
strategies and exploit other channels of influence (such as the
American film industry) to position its trademark product, the
diamond ring, as a desirable object, so much so that at times
more than 75 percent of Amer-   96—109:
ican women wore one as a   *8 HOURS*, 2013

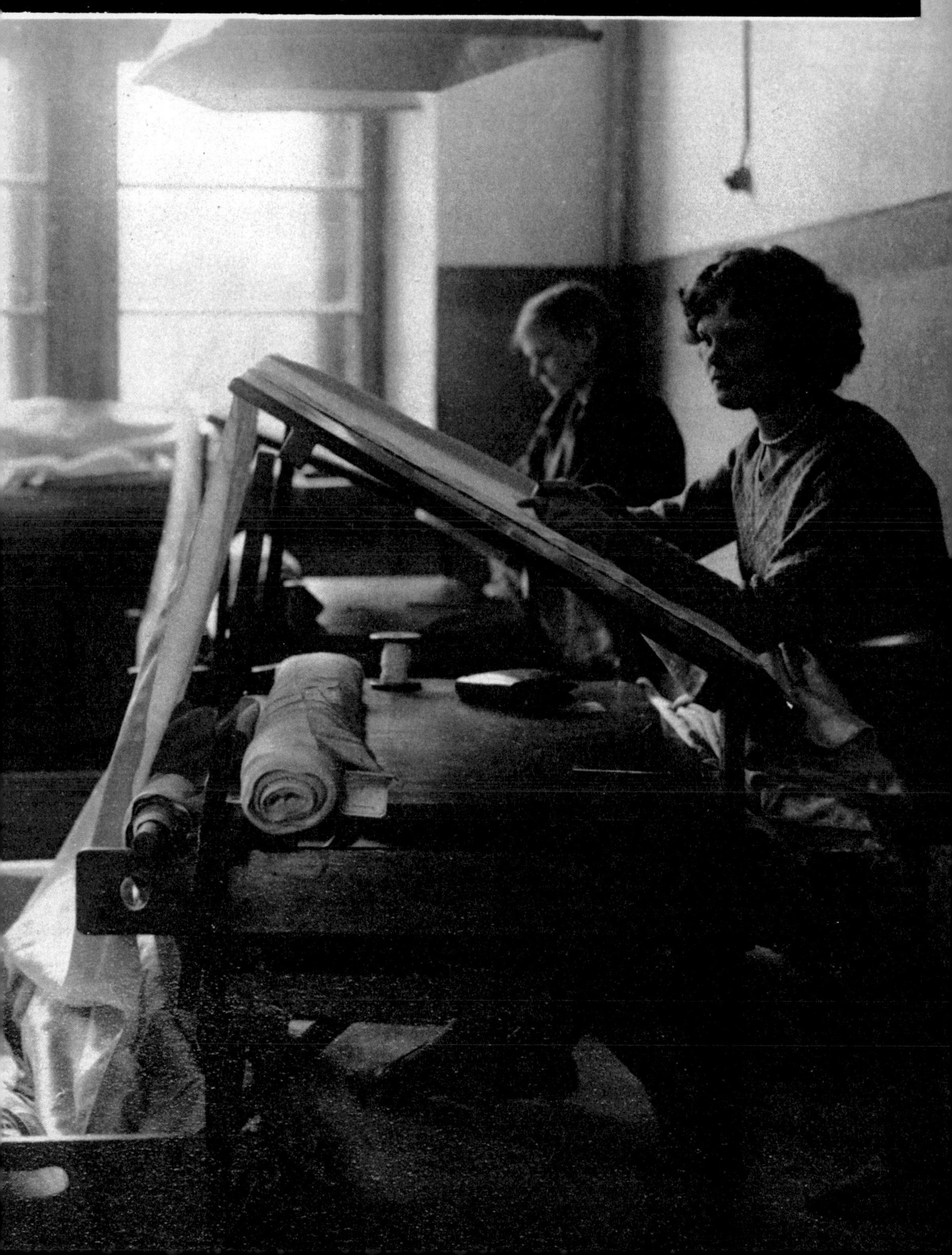

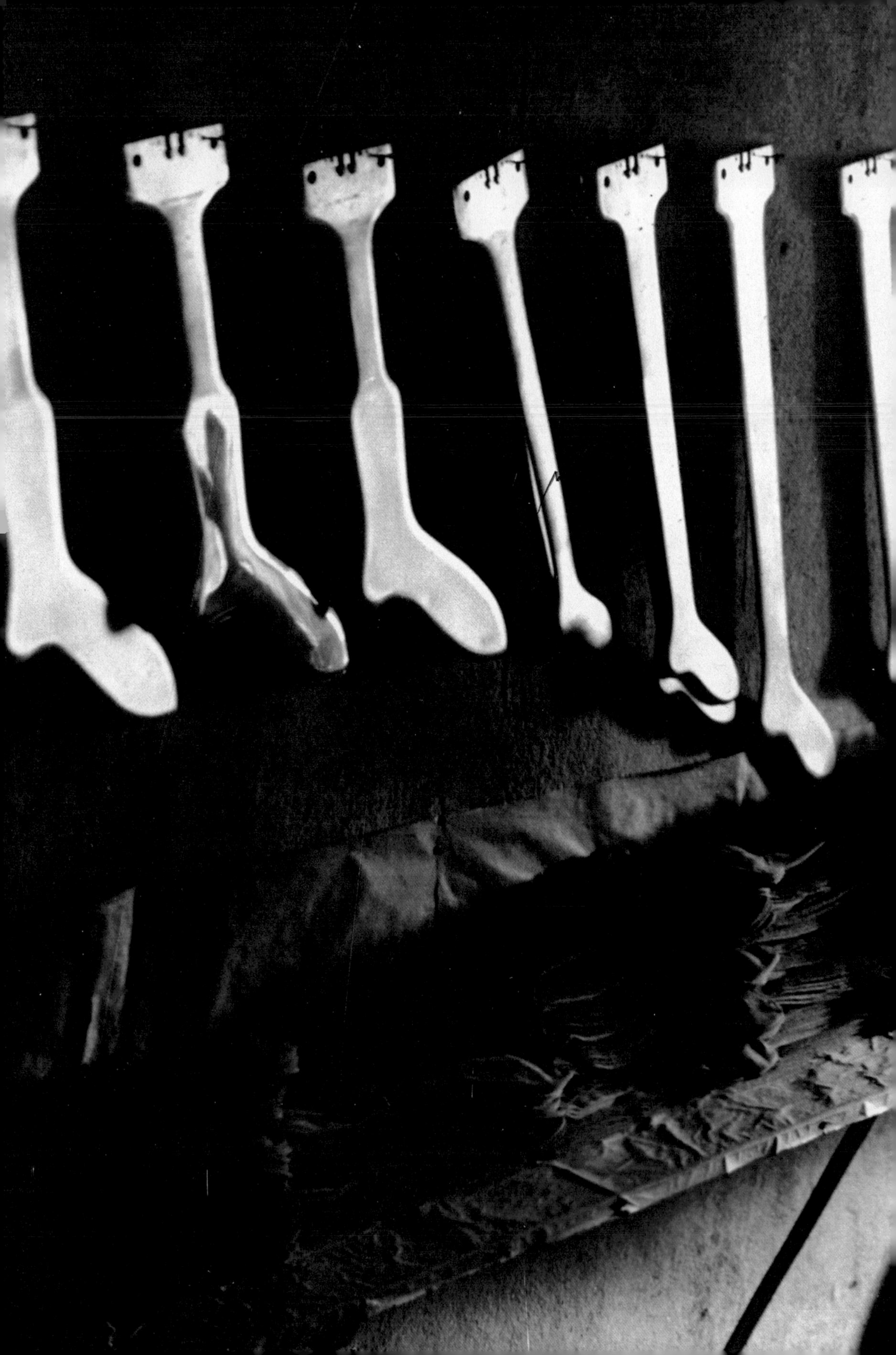

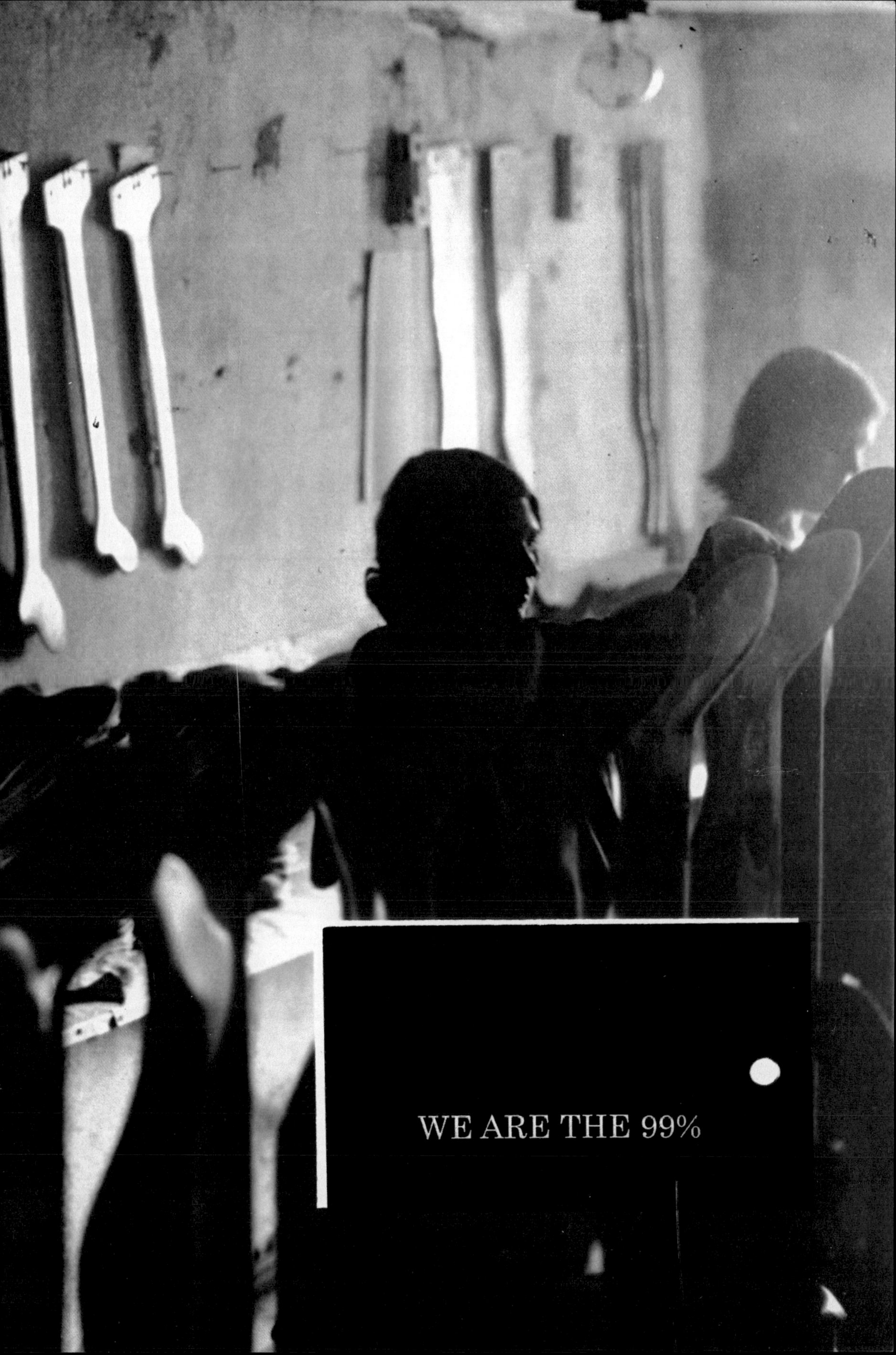
WE ARE THE 99%

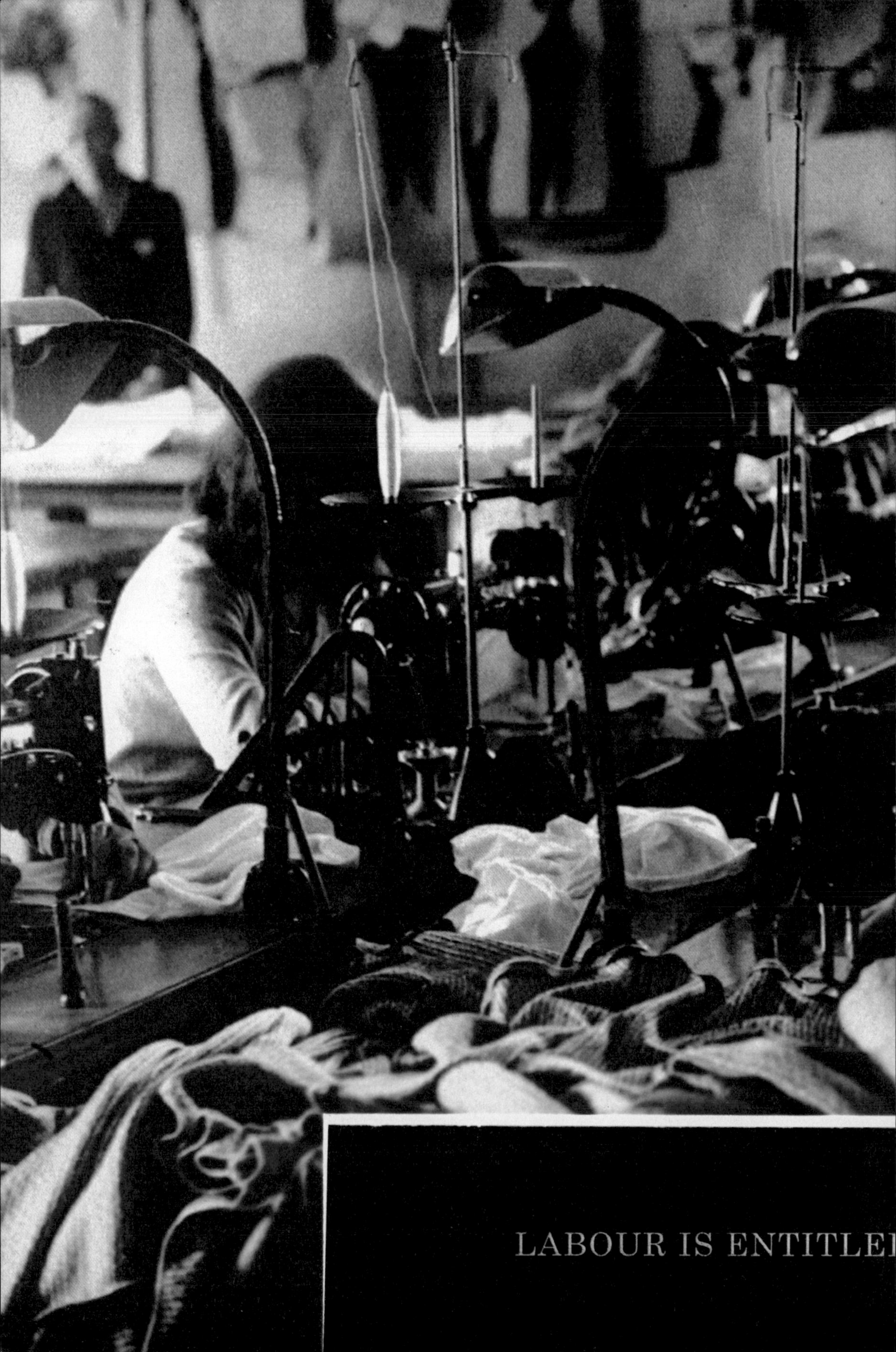
LABOUR IS ENTITLE

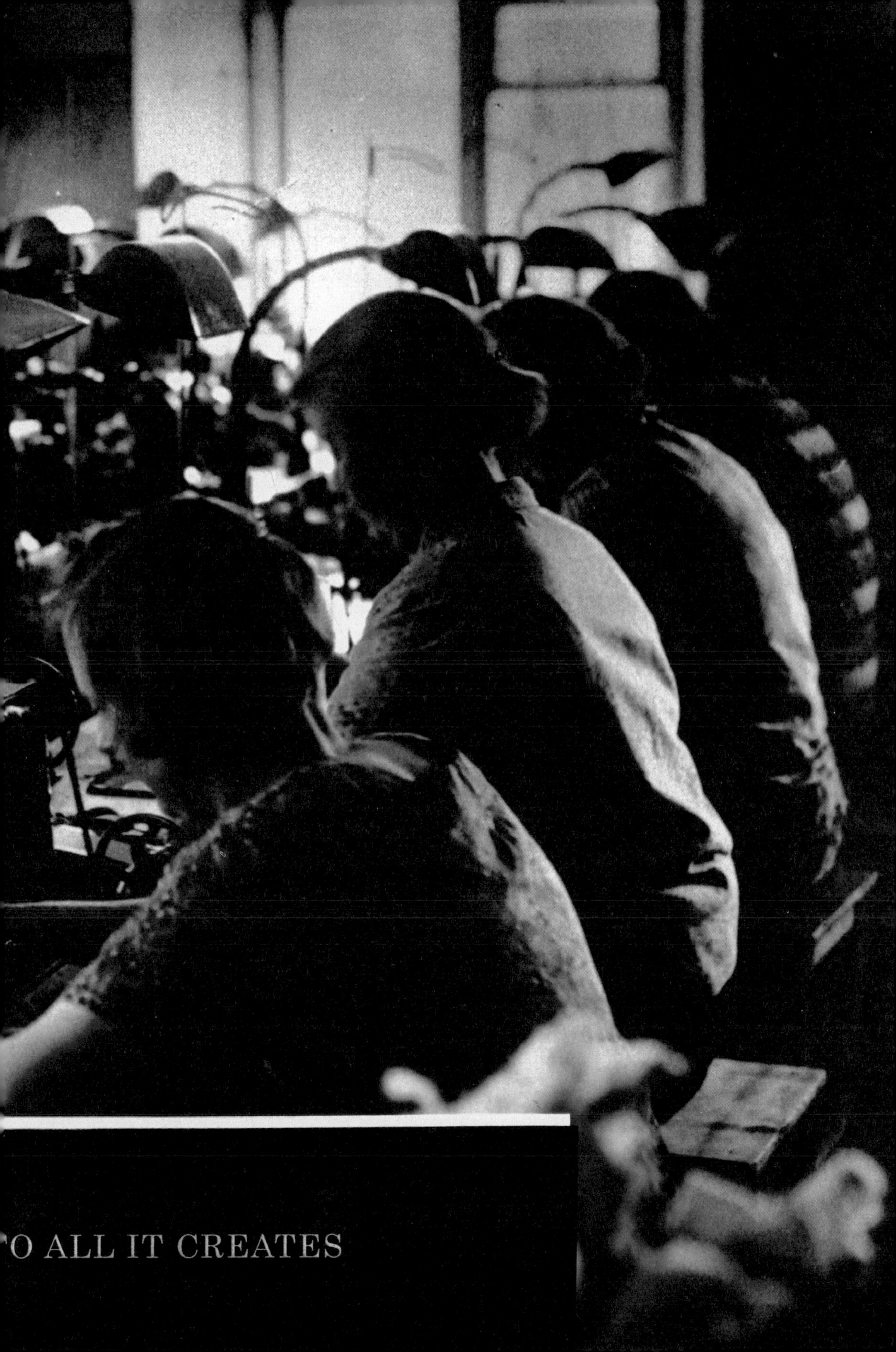
'O ALL IT CREATES

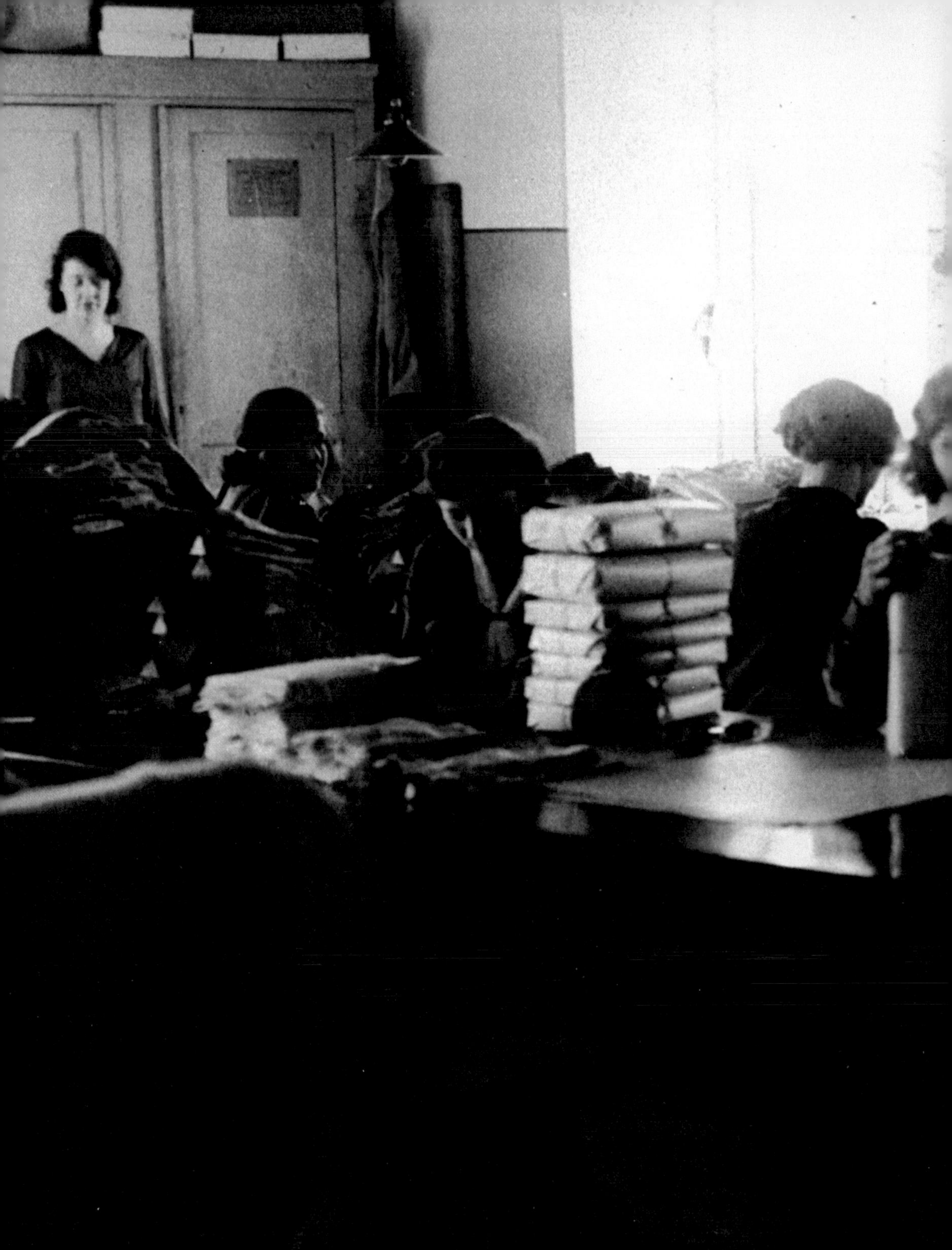

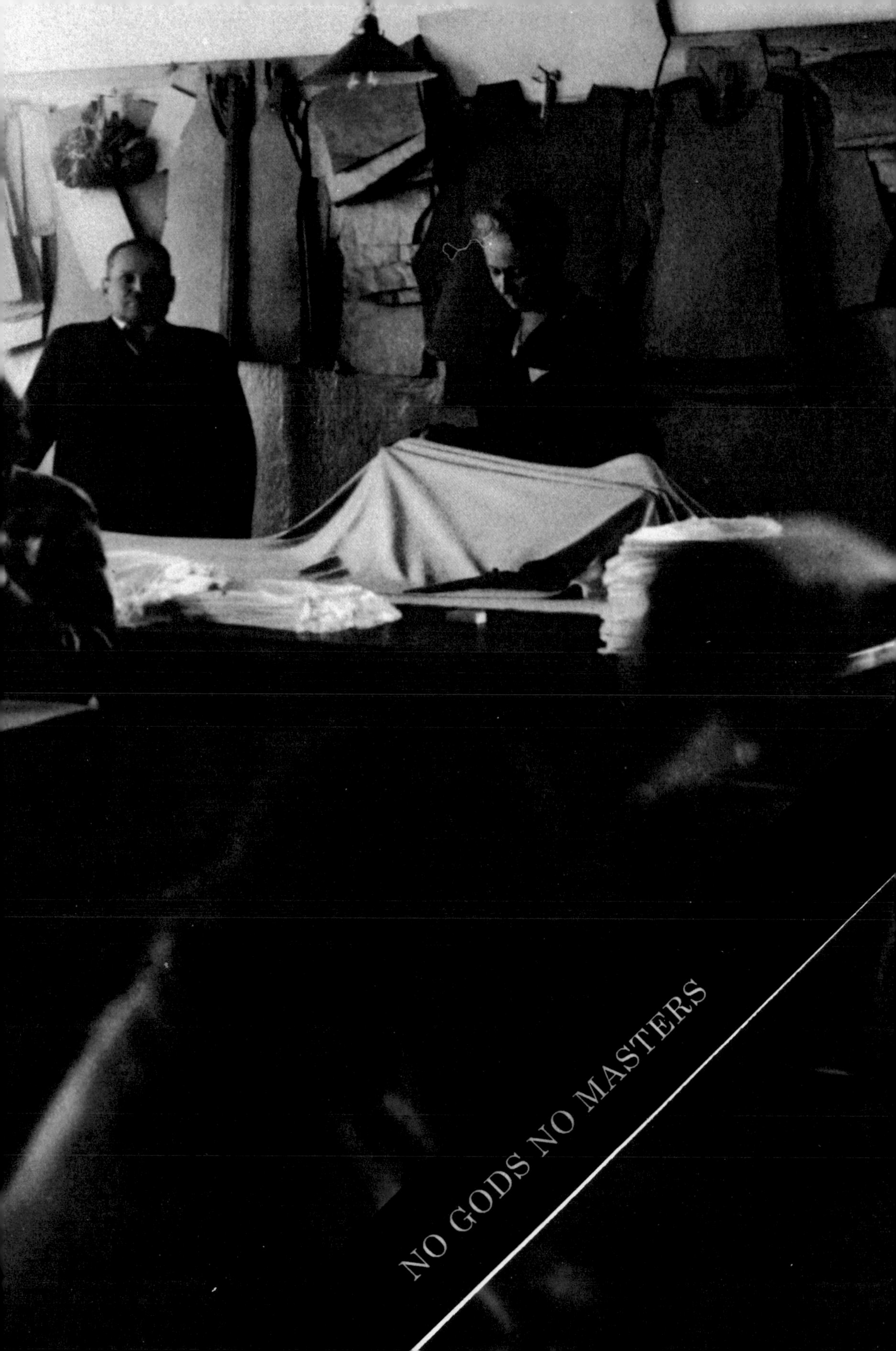
NO GODS NO MASTERS

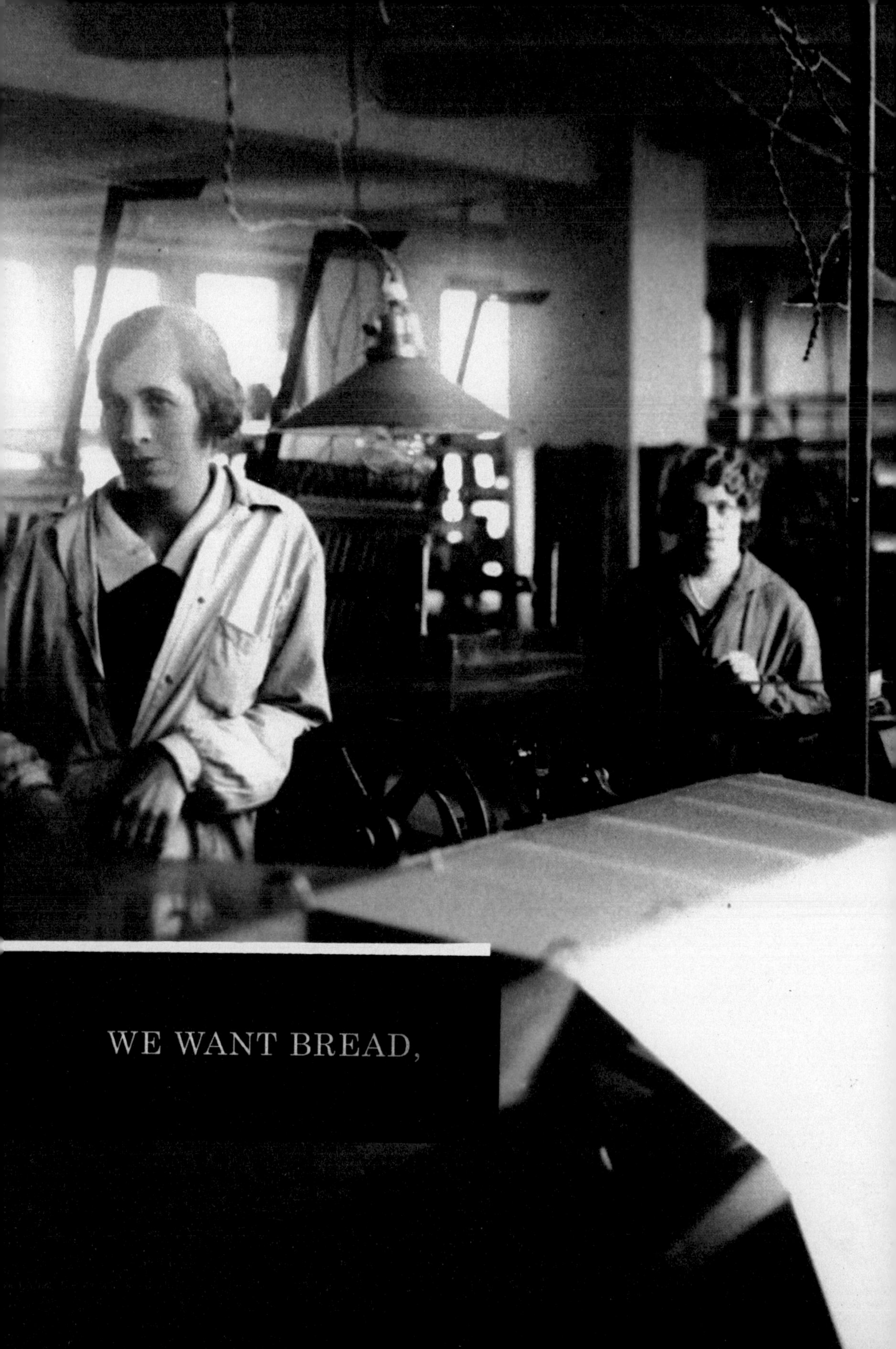
WE WANT BREAD,

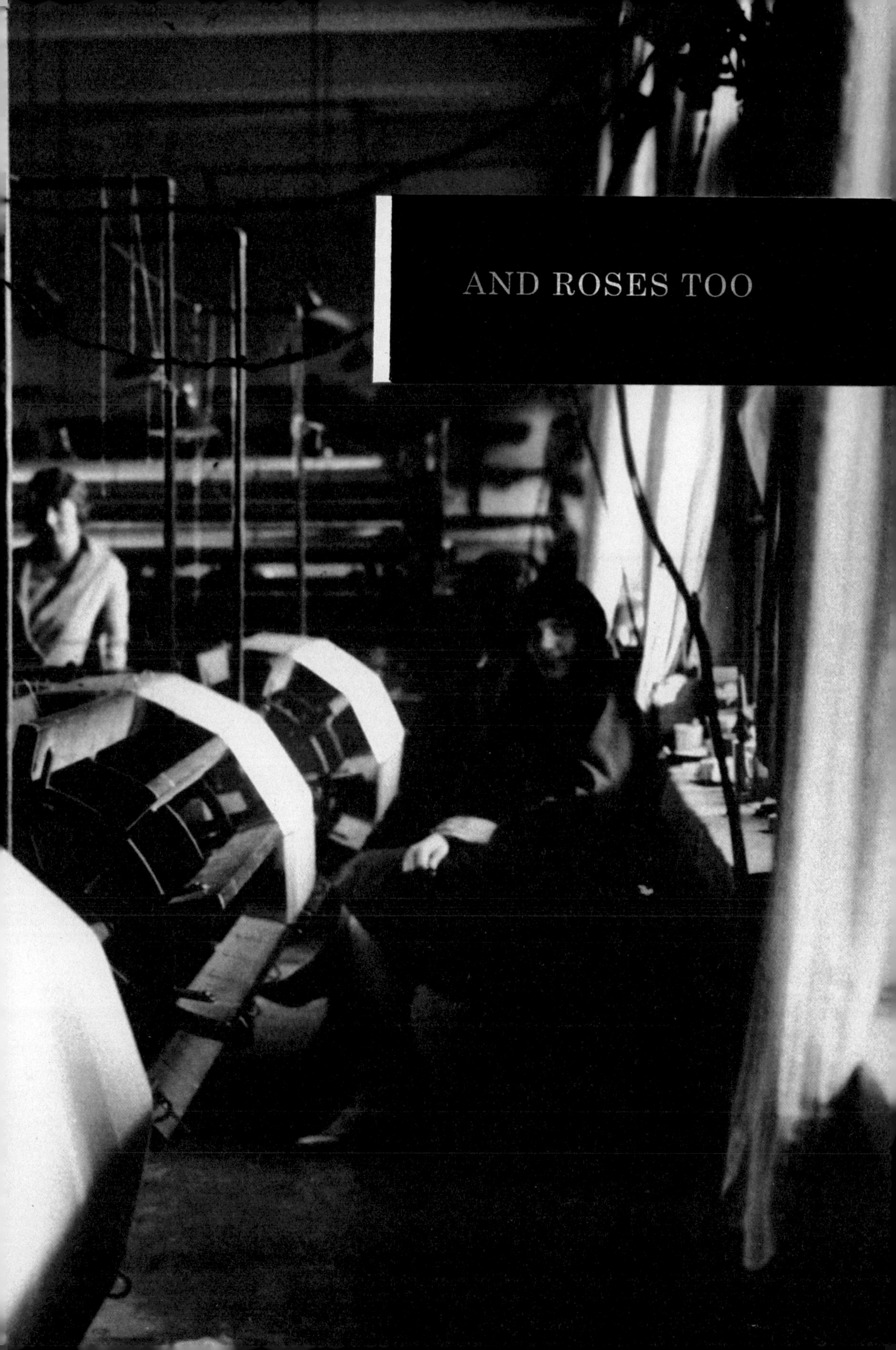
AND ROSES TOO

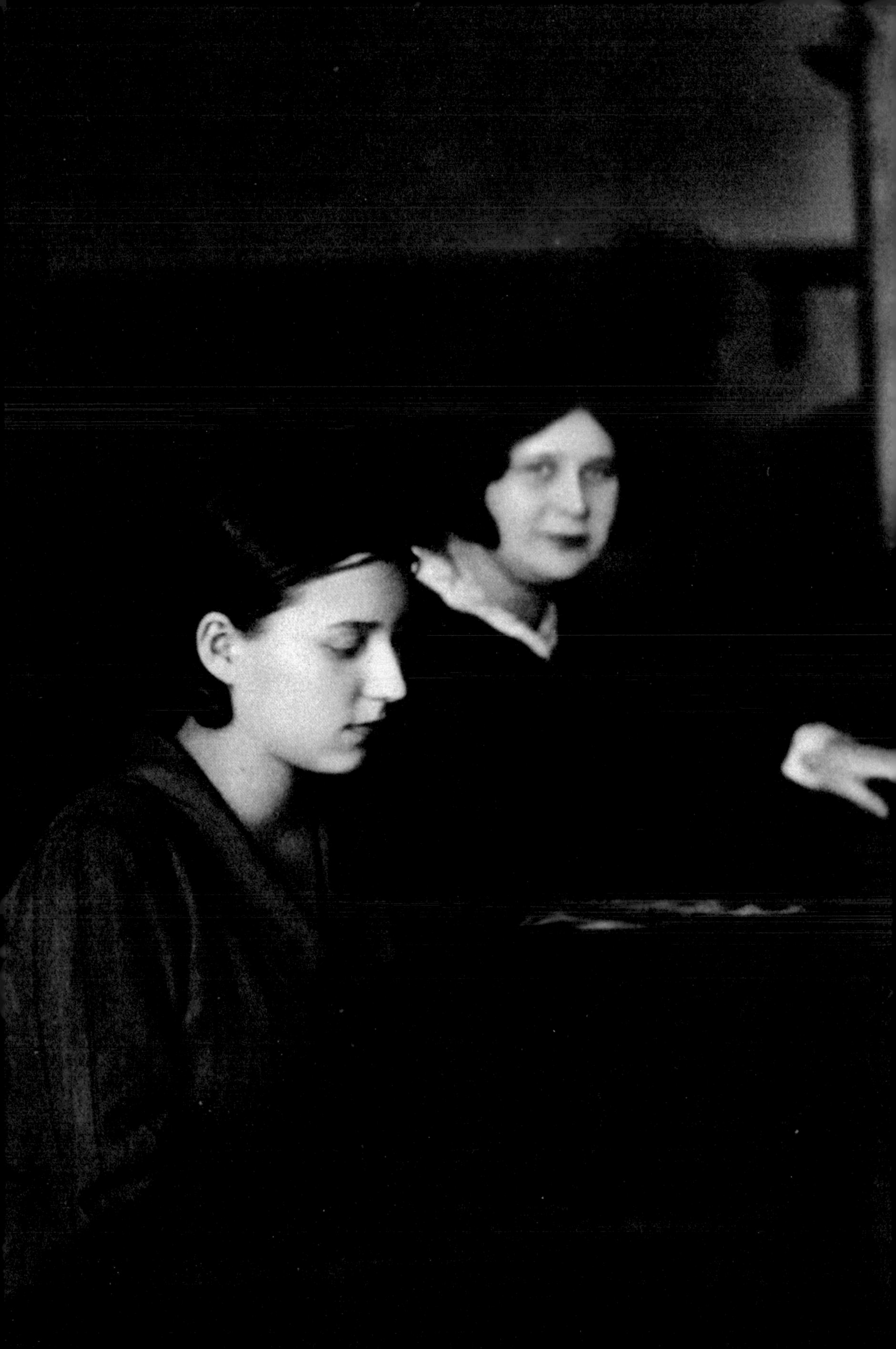

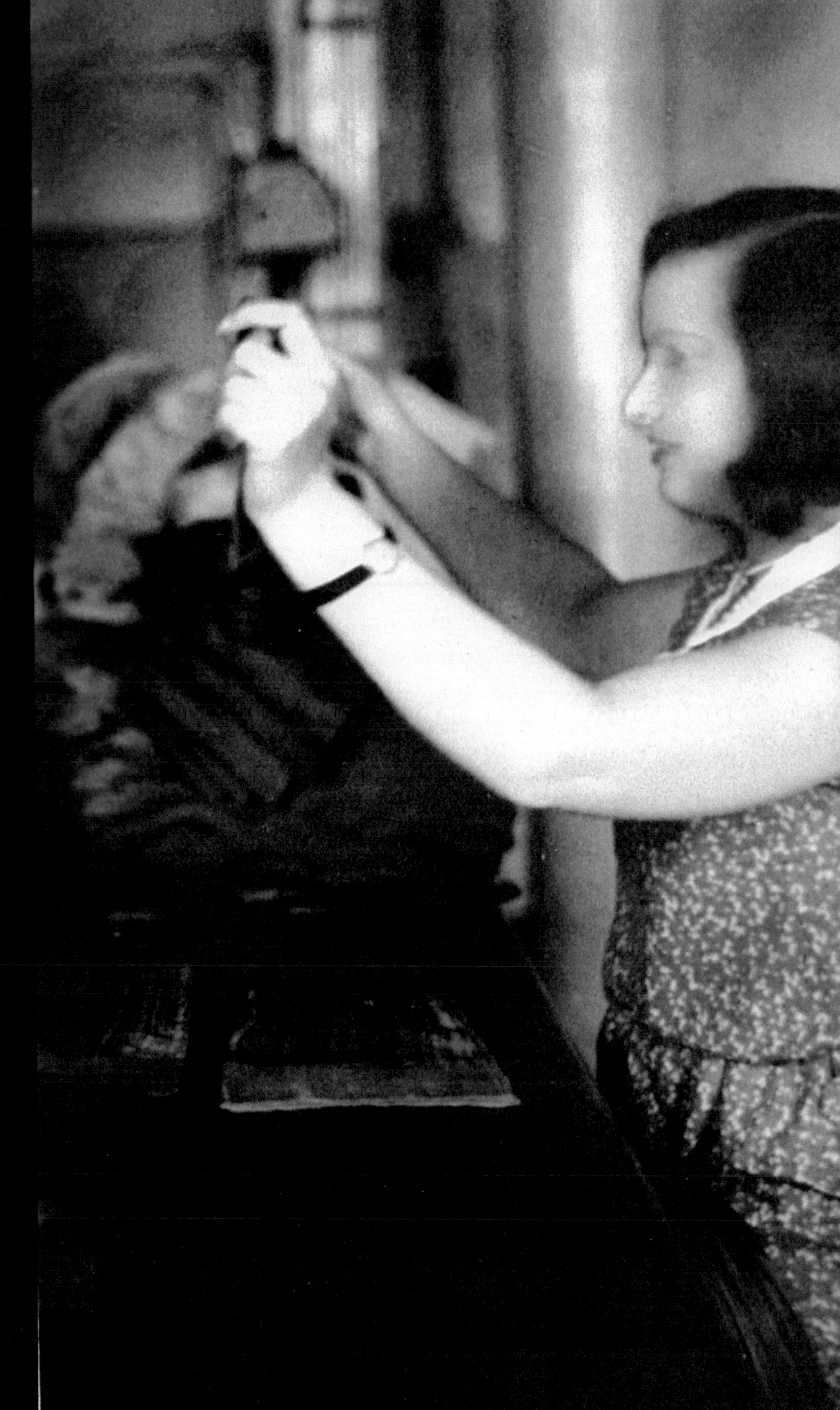
POVERTY IS MAN MADE

symbol of their engagement. As the understanding of women's roles altered, the campaigns changed, too, with De Beers finally positioning the ring as a symbol of the successful, independent woman, who can simply buy this fashion item for herself. The campaign propagated the slogan "Women of the world, raise your right hand." It was evidently derived from the appeal contained in the Communist Party manifesto of 1848: "Workers of the world, unite!" We can speculate about whether Monko wants to use this slogan to remind us that the call put out by Friedrich Engels and Karl Marx was an attempt to clearly dissociate from the "modern bourgeoisie," whom they identified with industrial development and the emergence of the global market (America). Or it may be that Monko wants to highlight, in the form, as it were, of a "negative affirmation," the self-empowerment of women in the twenty-first century, which has long since moved on from Marx and Engels, although it had its origins in the movements of the left. Once again, one of the features of the work is that it plays with the openness of what can be construed, evading any clear-cut answer and, if anything, consciously keeping any interpretation up in the air. Monko evidently values the fact that this can tip one way or another: this is made clear, as much as anything, by the fact that in her video it is Siri that has the answers to all the questions that come up. In other words, instead of positioning herself as narrator and pronouncing unambiguous messages, Monko has her personal assistant respond.[8] This is a rather astute gambit on the part of the artist, because while Siri knows a great deal—the software now draws upon almost every Web service and all the knowledge available there—it of course cannot identify the blind spots of history. This implies that we must delve deeper ourselves—this is my understanding of the subtext of this work—to decipher the complexity or dogma of our images of self and other, and, just as importantly, to recognize the extent to which history, wherever it takes place and under whatever political auspices, is taken up and instrumentalized before being deposited and fixed in our bodies right down to the tiniest gestures.

111—127:
Ten Past Ten, 2015

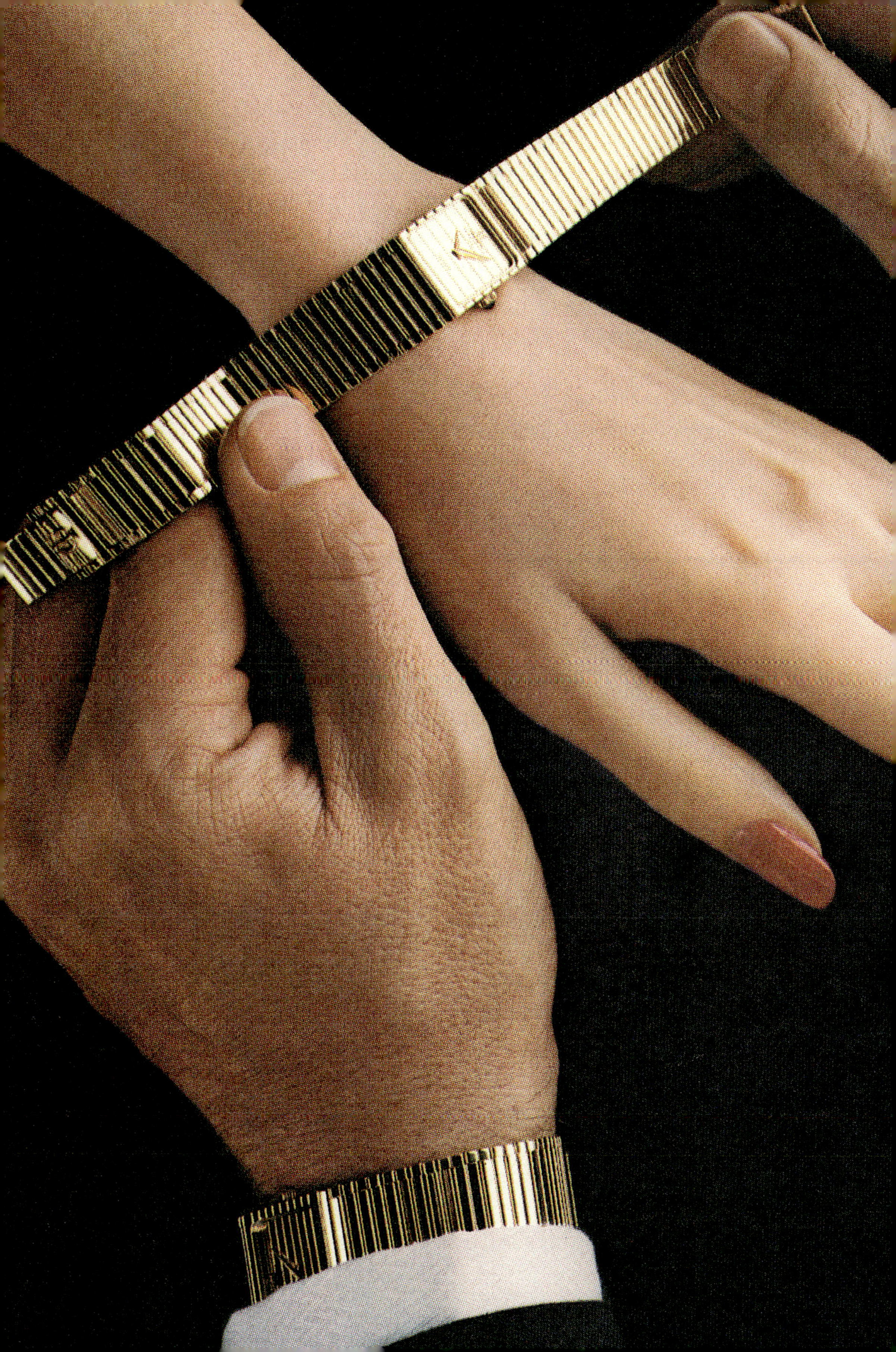

The work *Diamonds and Stones* (2018, Cover, pp. 3–17) shows how profoundly history encroaches on our bodies and takes root in them: closely connected to the video piece *Women of the World*, it picks up on and develops motifs from this work. The artist chooses to exhibit *Diamonds* in a vitrine, the aesthetic of which evokes a store window with goods on display, but which, in the museum context, can likewise be seen as an instrument of knowledge-sharing. Here (once again), with just a few objects on show, the artist manages to recount "a brief history of female achievements," as this display case might be titled in a history museum.[9] It includes, for example, a poster for birth-control pills and a cell-phone screen with an app displaying the female menstrual cycle. As a counter-image to the diamond, which also found a place in the vitrine/display window as an object of desire, Monko puts plain stones in her installation, again finding metaphors with this simple gesture suggesting the competition for cultural values: glamor vs. authenticity, capital vs. labor, etc. How closely these can be connected to one another in language becomes clear when the artist reminds us in this context that Black Friday, for example, certainly did not start out as the shopping event that it has now become (in the US), but rather goes back to a suffragette demonstration in November 1910, when women marched on the Houses of Parliament in London, demanding the right to work, a protest that was brutally quelled.[10]

Objects of Desire and
Desiring Bodies

Elements of the history of the rights and freedoms gained (and sometimes lost again) by women across countries and systems are burnt into Monko's transparencies like imprints: in all her works featuring these transparencies, the artist is equally concerned—and this is precisely what makes her work so interesting—that her protagonists, if not heroines, always fit into patterns of desire, and that they cannot or do not want to escape from them. Monko plays with this aspect when she sets herself

112

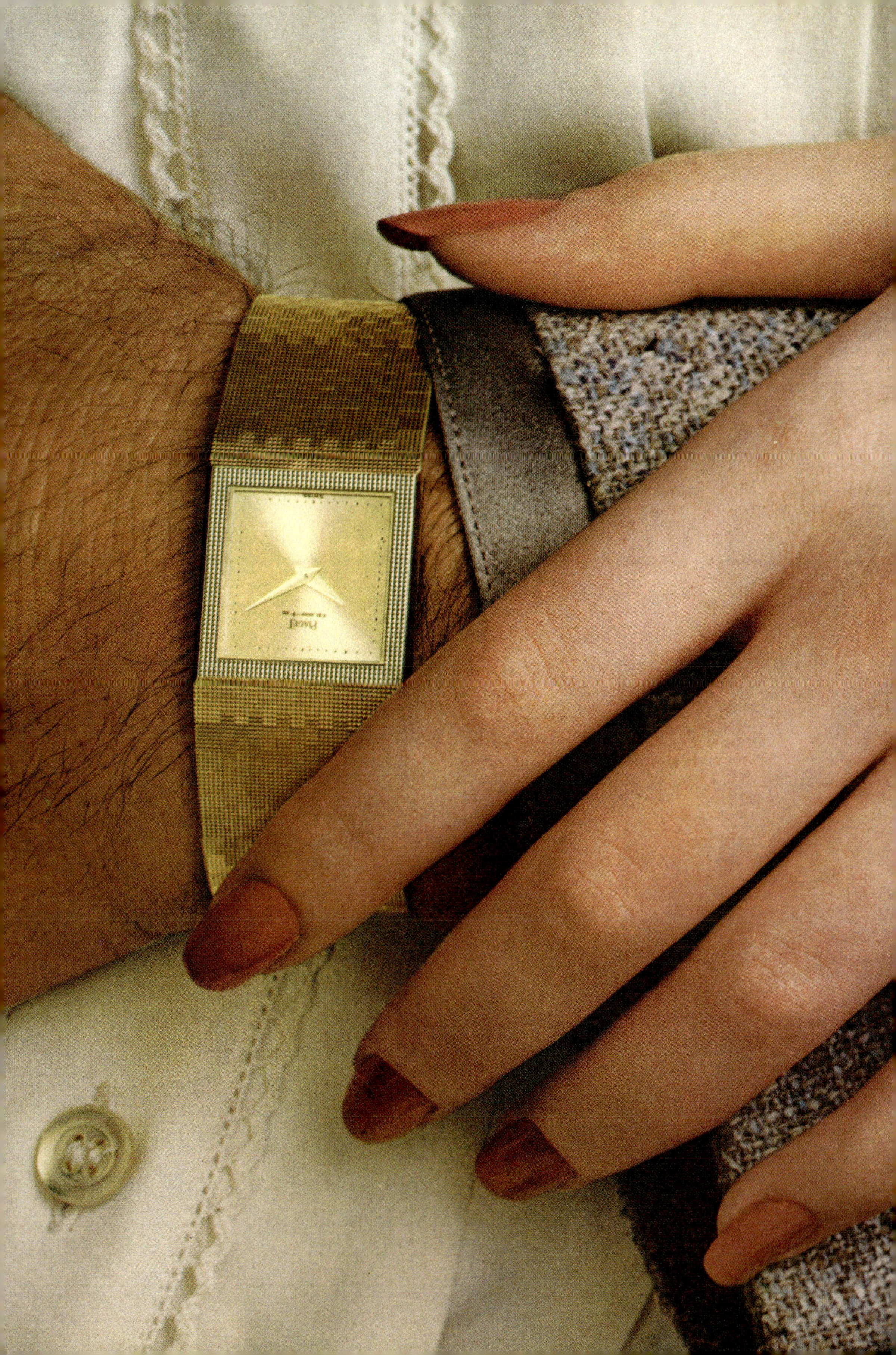

PIAGET

high aesthetic standards and stages desirable objects in just this way, too. The work also captivates us with its gestural potential, which tells of the *structure* of desire (even if it is the desire for work). In *Untitled Photograms* (2014, pp. 29–41), for example, packs of silk stockings were held directly under the enlarger and exposed. In this way, photograms were created that have a huge graphic schematic effect, while at the same time presenting themselves as desirable objects that want to be identified in greater detail: we want to know what kind of material is inside the packaging, what color it is, how it feels, and what denier number—i.e., what degree of transparency—it has. Again the artist works with optical illusions: the graphically opaque surface of the photogram stands in contrast to the expected transparency of the content of what is photographed, which the artist deprives us of visually. Yet the two images unfold before our eyes—and, what's more, the clichéd image of the completely non-transparent stocking of the kind produced in Eastern Europe rises up in our mind's eye. This complexity, which is both aesthetic and political and is evoked using strategies that are conceptually simple, is what gives the work its outstanding quality.

In *8 Hours*, the object of artistic investigation is the stocking: here, Monko circles around the site of its production, the Punane Koit factory, and focuses on women's working conditions in the manufacturing process. *Untitled Photograms* looks at the specific product made by this factory (or another). Here, the artist's decision not to overtly show the stocking keeps it suspended dynamically between the worlds of fashion, politics, and eroticism. Instead, she chooses a form of presentation in which we must imagine it. It would seem that the artist has not yet abandoned the motif of the stocking as an object of desire (and one that is not always available in certain circumstances), as well as an object that creates desire and is closely connected with femininity and physicality. This is evident, as much as anything, from the fact that she ended up developing the idea further for an outdoor installation (*Flawless, Seamless*, 2017). Here, the fabric of the stocking is the focus of the image: on

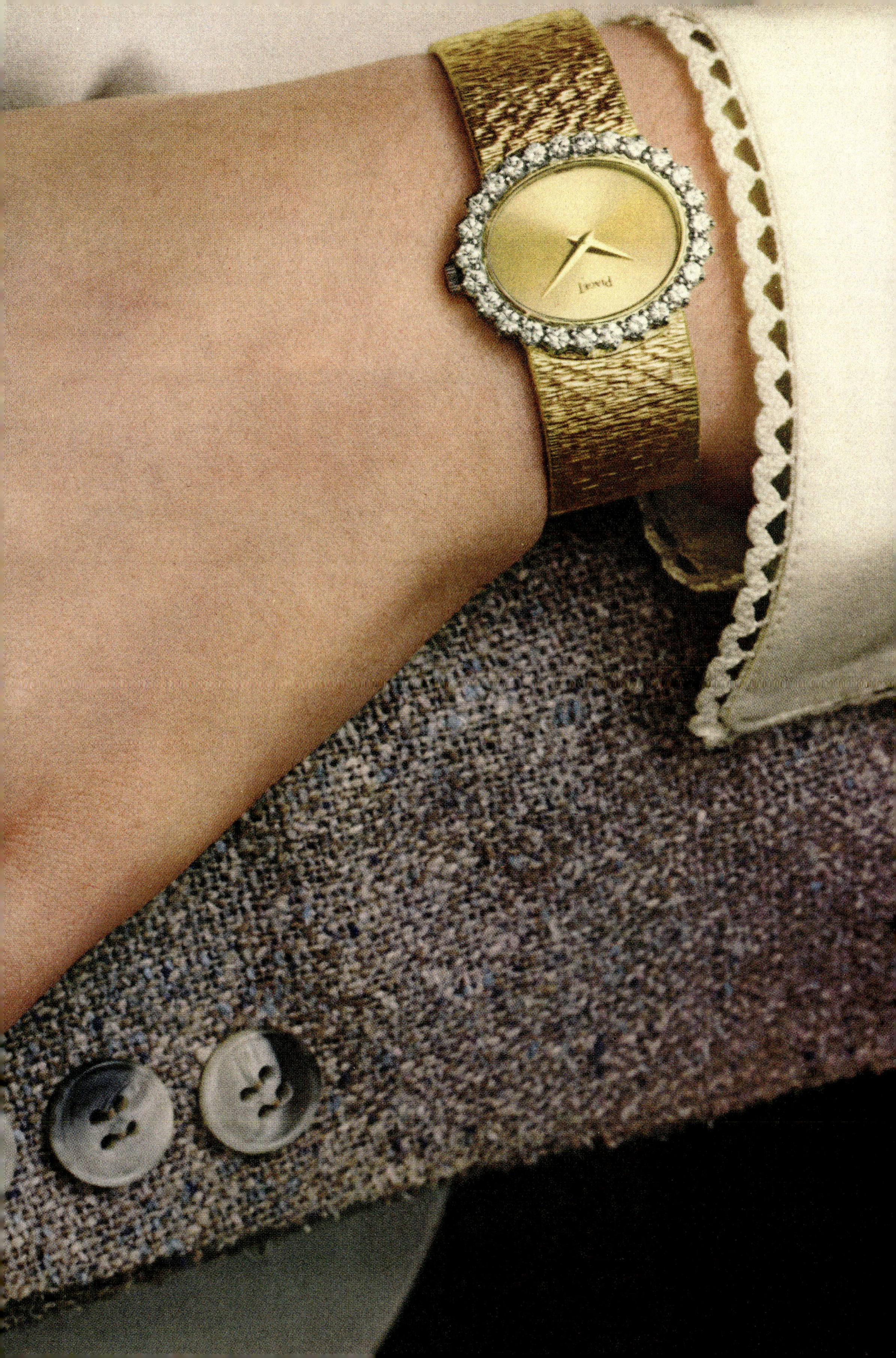

transparent banners, we see hands sliding through the material, in the way that sales assistants do to simulate the body that the stocking will be drawn up over and at the same time to demonstrate the transparency and quality of the product. *Flawless, Seamless* thus contains a promise, a barely tangible promise made of gossamer silk (or nylon), which is immediately intelligible, universally and to (almost) everyone, a promise about which, at the same time, every woman in the Soviet era could tell a story.[11] It is evident that the strategies of advertising and the (false?) promises they convey are still promising themes for the artist; this is borne out by the fact that she is taking her messages outdoors in Essen, where she has developed the installation *Die Frau von Heute* (Today's Woman). Here it is another fine material that becomes the motif of her work and that promises smooth and seamless luster: the powder that we use to refine our (facial) contours and obscure the traces of the life we have lived. Monko found the image in the Girardet archive in the Museum Folkwang in Essen and upgraded the caption on the back of the picture to make it the title of the work: *Die Frau von Heute* might well be a reference here to the East German magazine of the same name.

Stockings and powder are motifs that are full of promise but also full of illusions: although the advertising suggests otherwise, "we women"—to stick with the image of powder—look at our true face after removing our makeup, just as we know from experience that the transparent, stretched material of which our dreams are made in *Flawless, Seamless* gets laddered all too quickly and becomes unusable junk—with a high price tag.

In its entry for *Laufmasche* (ladder or run in a stocking), the German Wikipedia describes the break of a thread in a mesh as "a loss of interconnectedness." Society is not yet torn apart— this needs to be affirmed almost thirty years after the fall of the Iron Curtain. The only question is, For how much longer? The European postwar order of 1945 has become brittle and the process of European integration, made possible by the fall of the Iron Curtain in 1989, is now very much in question in the face of anti-European hegemonic ambitions. Perhaps we must

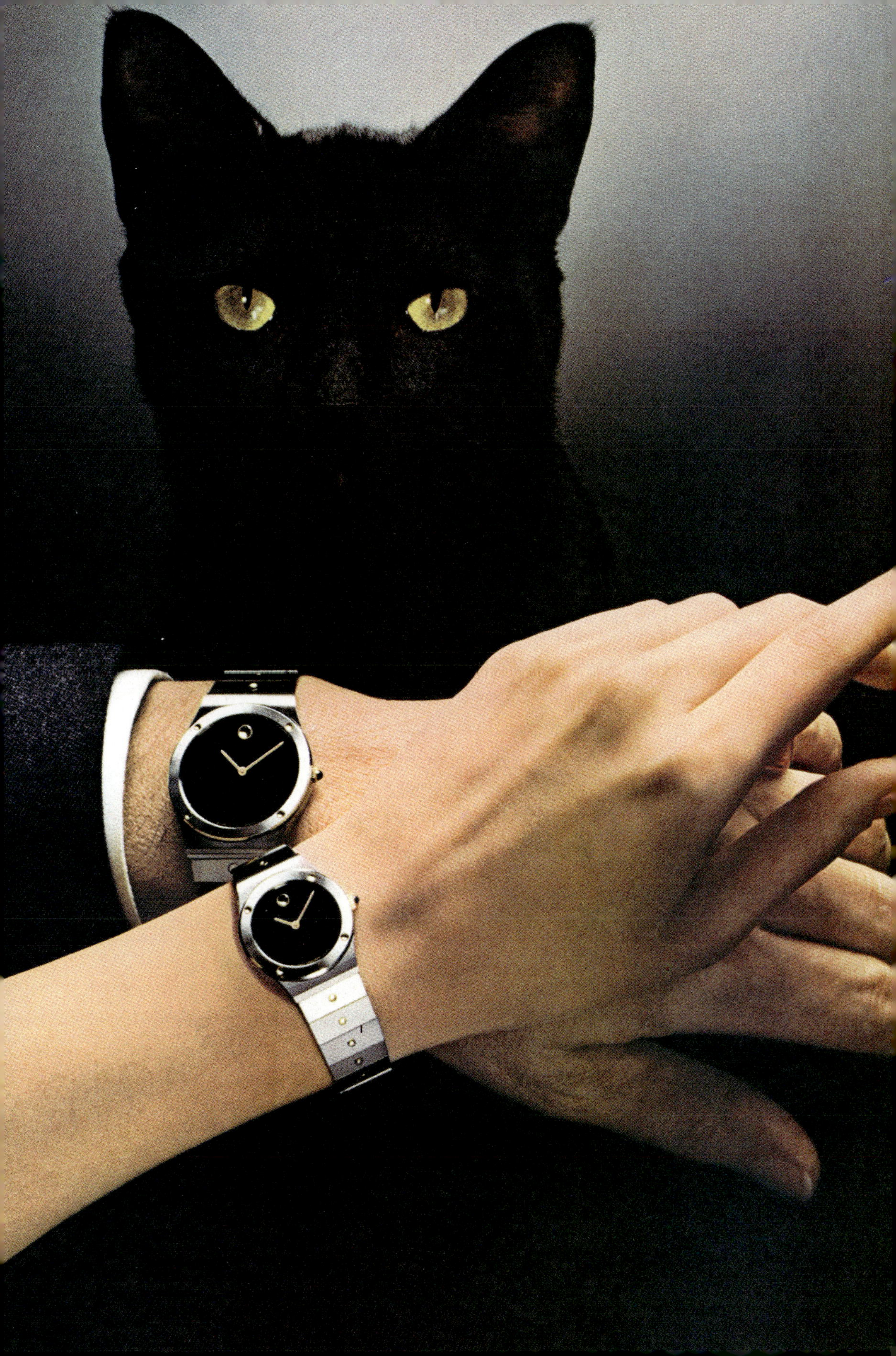

also look at images, of the kind Monko presents us with, and
keep "calibrating" them: with our sometimes overhasty ideas
and the ascriptions that narrow our viewpoint, with our legiti-
mate desire, and with the illusions that give it direction and
which we should be aware of. Only then can we develop an
understanding of the complexity of the past and the present,
which Monko addresses in her work, no matter where this takes
place—and slip off our old stockings. Her illusional images
show us that it pays to keep changing our standpoint to afford
us different perspectives of an image and thus question our
ideas of ourselves and of others.

1. Giorgio Agamben, *Homo Sacer: Sovereign Power and Bare
    Life*, trans. Daniel Heller-Roazen (Stanford, CA: Stanford
    University Press, 1998), 38.
2. Boris Buden, *Zone des Übergangs: Vom Ende des Postkom-
    munismus* (Frankfurt am Main: Suhrkamp, 2009), 36.
3. Monko herself sends important signals regarding what has
    become a necessary revision of this period. The fact that the
    process of "transformation" was and is permeated by inade-
    quate images of self and other becomes evident when we
    look at the current anti-European hegemonic ambitions.
4. This is an opportune moment to bring works by fellow
    artists into the discussion—for example, *Double Life* (1974)
    by Sanja Iveković, Ketty La Rocca's *Alphabet of Hands*
    (1974), or Josephine Pryde's series *For Myself* (2016). Anne
    Collier's work with advertising aesthetics also comes to mind.
5. Rael Artel, "How to Wear Red," in *Marge Monko: How to
    Wear Red*, ed. Rainer Fuchs, exh. cat. Museum moderner
    Kunst Stiftung Ludwig Wien (Cologne: Walther König,
    2013), 31.
6. The section heading is a combination/modification of *Women
    of the World, Raise Your Right Hand*, a work by Marge Monko,
    and the title of a text by Bojana Pejić, "Proletarians of All
    Countries, Who Washes Your Socks? Equality, Dominance
    and Difference in Eastern European Art," which accompanied
    the exhibition she curated at the Museum moderner Kunst

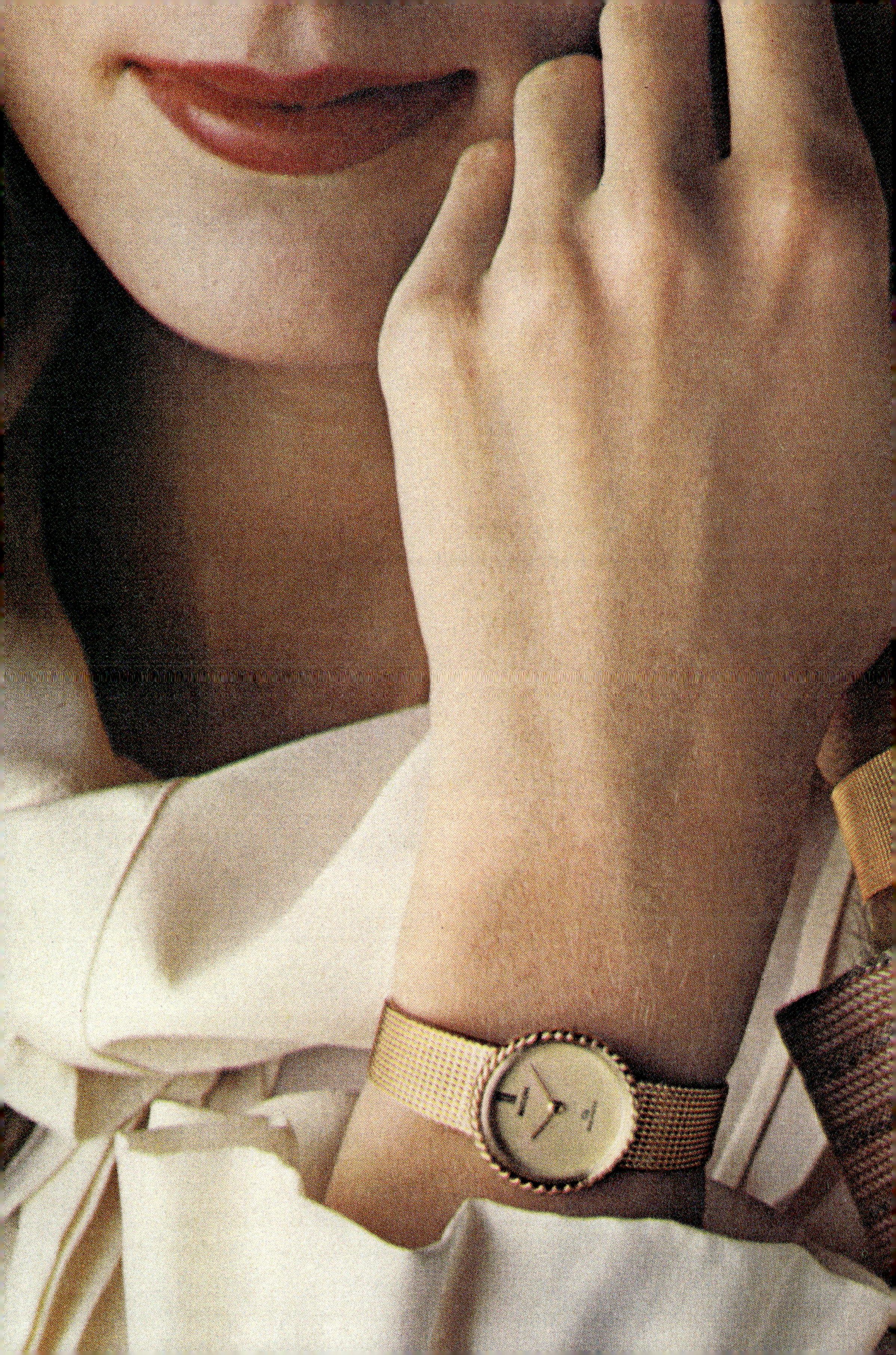

Stiftung Ludwig in 2009, *Gender Check: Femininity and Masculinity in the Art of Eastern Europe.*

7. Artist Barbara Kruger also used the motif and slogan in her work on many occasions.
8. Naturally with a text she authored herself.
9. It would be interesting here to draw a comparison to photos by Annette Kelm, which show display cases from various historical museums dealing with the history of the women's movement (2013).
10. From an e-mail sent by the artist on January 7, 2019: "They [diamonds and stones] are also metaphors referring to a contest of cultural values, i. e. glamour vs. authenticity, capital vs. labour. There's another link between stones and diamonds—during the protests, there are often shop windows that are being smashed with stones (also thinking of the suffragists' Black Friday)."
11. "In the local context, every woman who has lived during Soviet times can tell at least one story about stockings and how to acquire them." From Artel, "How to Wear Red" in Fuchs, *Marge Monko: How to Wear Red*, 43.

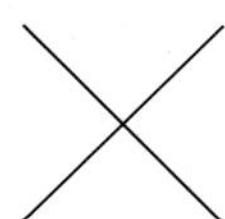

IMPRESSUM / COLOPHON

Werkliste / List of works

–   Cover, 3–17: *Diamonds and Stones*, 2018, Vitrine (MDF, Hartglas, Spiegel, Acrylglas), Pigmentdrucke, Steine, Mobiltelefon, myPill App / vitrine (MDF, tempered glass, mirror, acrylic glass, fluorescent lights); pigment prints; stones; smartphone, myPill app
–   19–21: *Women of the World, Raise Your Right Hand*, 2018 Neonschrift auf Träger / neon tubes on a frame

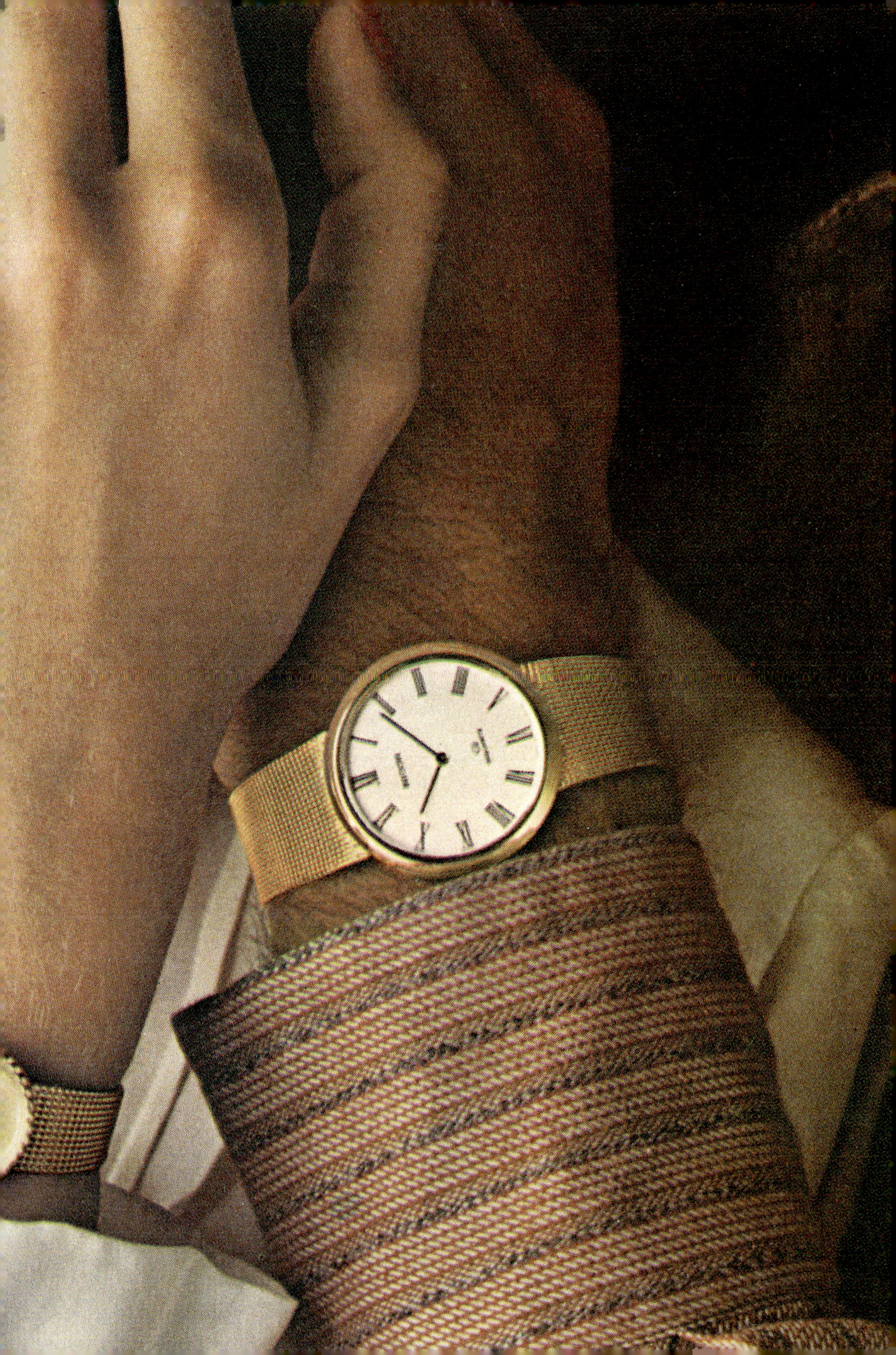

- 23–27: *I Don't Eat Flowers*, 2009, C-Print, 750×550 mm
- 29–41: *Untitled Photograms*, 2014–, Bromsilbergelatine-Abzüge / silver bromide gelatin prints, 300×400 mm, 400×300 mm
- 43–95: *WoW (Women of the World, Raise Your Right Hand)*, 2018, Video, 3D Animation, 16:32 min
- 96–109: *8 Hours*, 2013, Bromsilbergelatine-Abzüge / silver bromide gelatin prints, 300×400 mm, 400×300 mm
- 111–127: *Ten Past Ten*, 2015, gefaltete Pigmentdrucke in Plexiglashaube / folded pigment prints under acrylic glass, 525×600 mm, 690×480 mm, 630×480 mm

Ausstellung / Exhibition

Marge Monko: *Diamonds Against Stones*
Museum Folkwang, 22. 2. – 5. 5. 2019

Direktor / Director: Peter Gorschlüter; *Kurator / Curator:* Thomas Seelig; *Koordination / Coordination:* Petra Steinhardt, Christina Buschmann, Anne Küppers, Anne Braune; *Kommunikation und Marketing / Communication and marketing:* Anka Grosser (Leitung / head) Anna Littmann, Marei Hückelheim, Lina Wemhöner; *Digitale Inhalte / Digital content:* Asja Kaspers; *Bildung und Vermittlung / Education:* Peter Daners, Annika Schank; *Registrar:* Susanne Brüning, Lisa Rosche; *Restaurierung / Conservation:* Petra Steinhardt, Christiane Schneider, Friederike Breder, Silke Zeich; *Verwaltungsleitung / Administration:* Thomas Grimm; *Buchhaltung / Account Department:* Fabian Klemt, Deborah Herz; *Ausstellungstechnik / Exhibition setup:* Reiner Baldau, Anatoli Marcin, Emrah Cetin, Olaf Masuch, Klaus Schlüter, Susan Schmidt, Frank Sternberg, Gerd Ufer, Till Wellner, Karin Weyers, Stephan Zmudzinski; *Besucherbüro / Visitors' office:* Stefanie Dixon; *Ausstellungsdesign / Exhibition design:* Tricatel. Kerkenrath & Grädtke

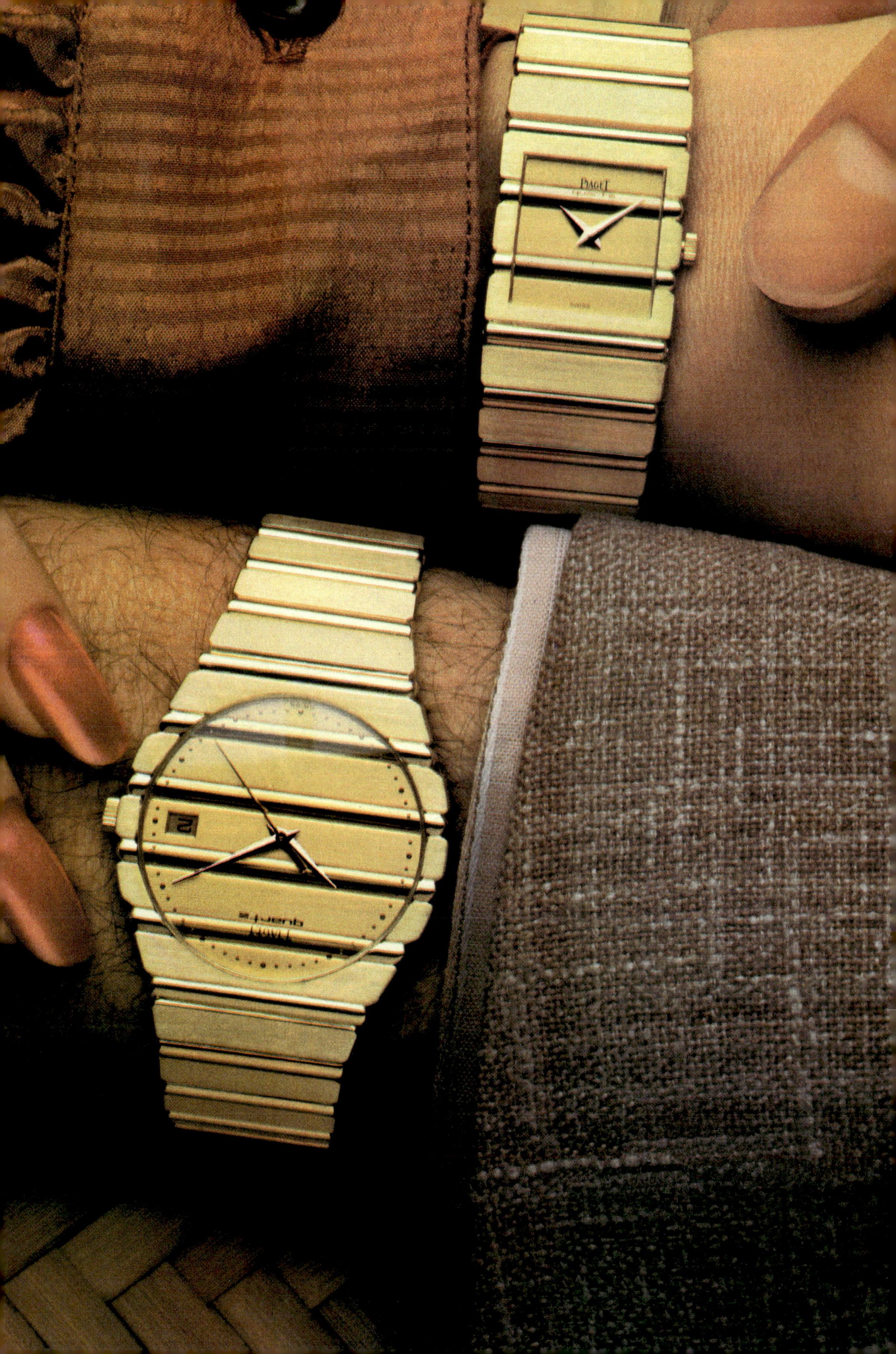

PIAGET
SWISS
PIAGET
quartz
SWISS

Publikation / Publication

Herausgeber / Published by: Museum Folkwang; *Konzeption / Concept:* Marge Monko, Thomas Seelig, Helmut Völter; *Texte / Texts:* Paul Kuimet, Maren Lübbke-Tidow, Marge Monko, Thomas Seelig; *Übersetzungen / Translations:* Simon Cowper (ger–en), Eva Dewes (Videoskript, en–ger), Matthias Jost (Interview, est–ger), Kristopher Rikken (Interview, est–en); *Redaktion / Copyediting:* Martin Rünk (Interview, est); *Lektorat / Proofreading:* Jan-Frederik Bandel (ger), Michael Pilewski (en); *Gestaltung / Graphic design:* Helmut Völter; *Bildbearbeitung, Druck und Produktion / Lithography, printing and production:* DZA Druckerei zu Altenburg

Vielen Dank / Many thanks: Judith Bohle, Evelien Bracke, Anna Fricke, Cloe Jancis, Anne König, Christian Kreymborg, Gerd Mahler, Ani Molnar Gallery, Sabine Peretzke, Raivo Plado, Patrick Pomorin, Kaisa Sööt, Tallinn Art Hall, Tartu Art Museum, Laura Toots, Toomas Täht, Jan Wenzel

Paul Kuimet ist ein estnischer Künstler und Filmemacher und lebt in Tallinn / is an Estonian artist and filmmaker and lives in Tallinn.
Maren Lübbke-Tidow ist Kunsthistorikerin und Politologin und lebt als freie Autorin, Kritikerin und Kuratorin in Berlin / is an art historian and political scientist and lives as a freelance author, critic and curator in Berlin.

Erschienen bei / Published by
Museum Folkwang
Museumsplatz 1, 45128 Essen
Tel. 0201/88 45 000, Fax 0201/88 91 45 000
www.museum-folkwang.de

Spector Books
Harkortstraße 10, 04107 Leipzig
www.spectorbooks.com

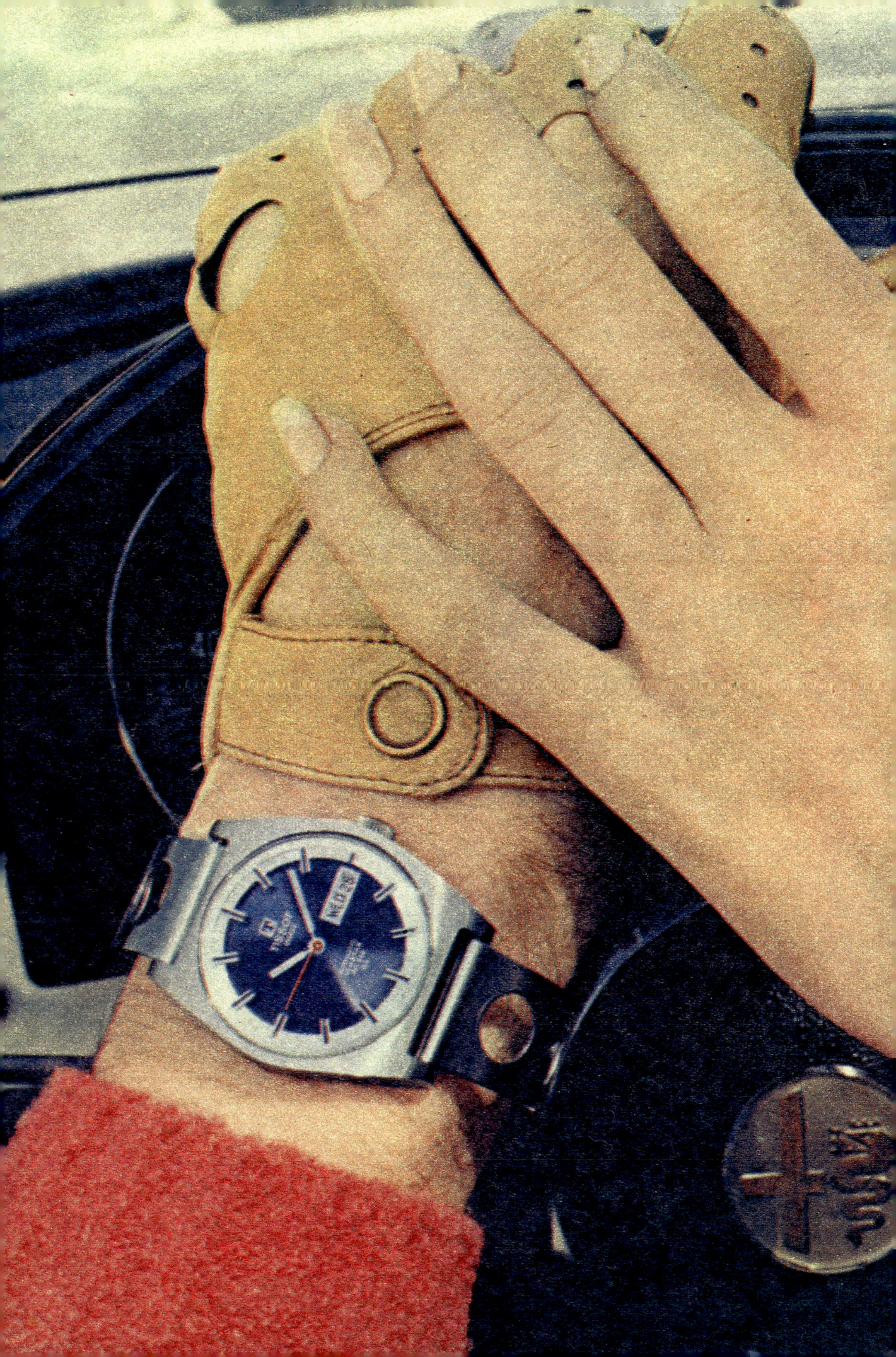

Vertrieb / Distribution
Germany, Austria: GVA, Gemeinsame Verlagsauslieferung
Göttingen GmbH & Co. KG, www.gva-verlage.de; Switzerland:
AVA Verlagsauslieferung AG, www.ava.ch; France, Belgium:
Interart Paris, www.interart.fr; UK: Central Books Ltd,
www.centralbooks.com; USA, Canada, Central and South
America, Africa, Asia: Artbook | D.A.P., www.artbook.com;
South Korea: The Book Society, www.thebooksociety.org;
Australia, New Zealand: Perimeter Distribution,
www.perimeterdistribution.com

Ausstellung und Publikation wurden gefördert durch /
Exhibition and catalogue were supported by:

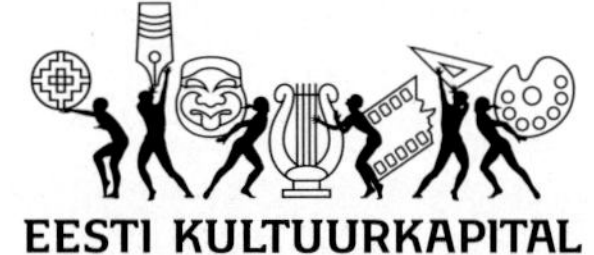

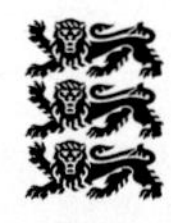

Erste Auflage / First edition
Printed in Germany
ISBN 978-3-95905-297-9

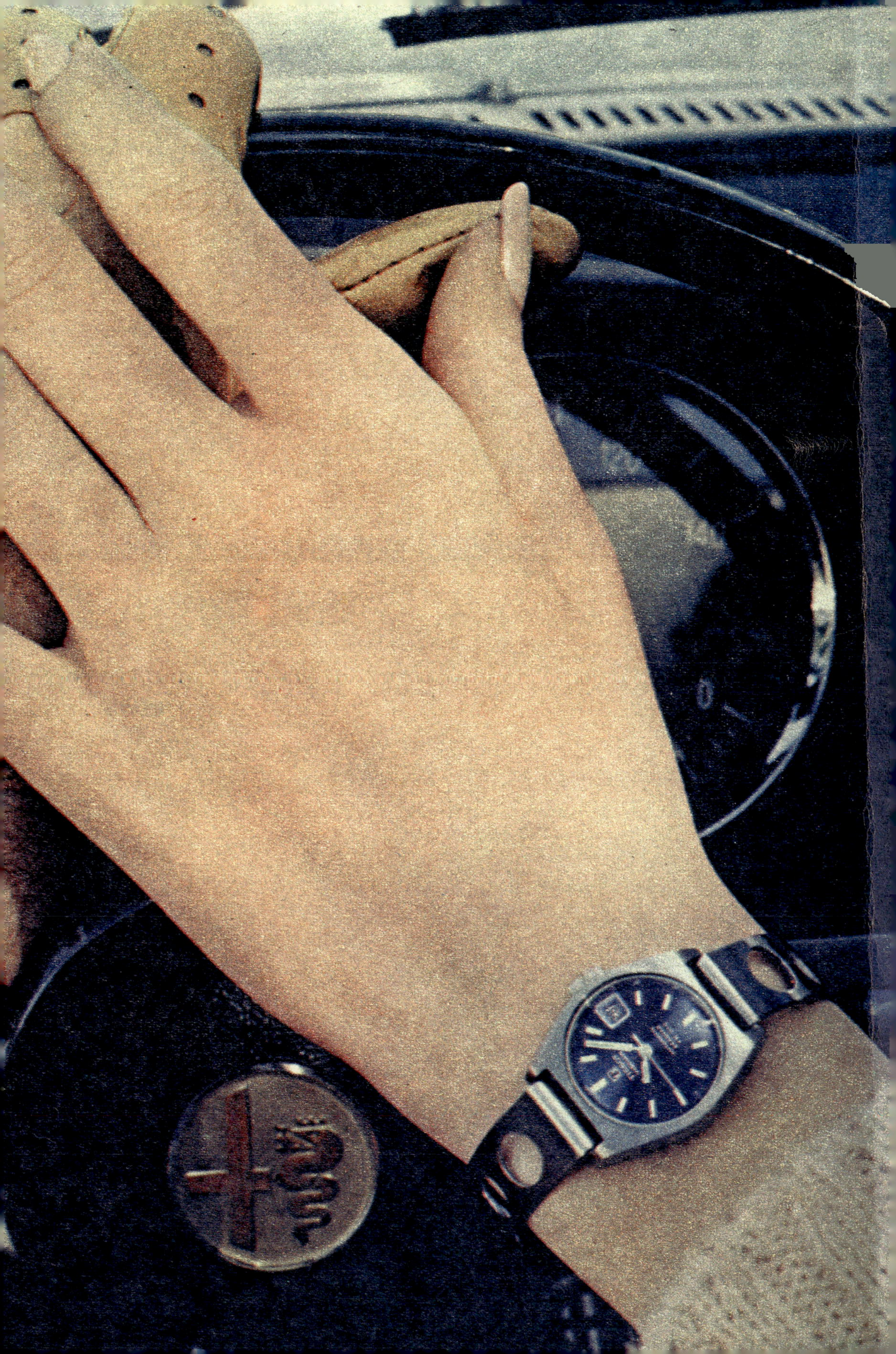